Princesse Marie WOLKONSKY

IMPRESSIONS DE SICILE

(Peinture de l'Auteur)

Quivi si piangon gli spietati danni
Quiv'è Alessandro, e Dionisio fero,
Che fe Cicilia aver dolorosi anni :

(DANTE. *Divine Comédie.* — Enfer Chant XII.)

Librairie Hachette & Cie
79, BOULEVARD ST-GERMAIN, PARIS

1914

IMPRESSIONS DE SICILE

Princesse Marie WOLKONSKY

IMPRESSIONS DE SICILE

Librairie HACHETTE & Cie
79, Boulevard St-Germain, PARIS
1914

Ainsi que je l'ai fait pour mon premier ouvrage sur l'Italie, c'est encore à vous, mes chers enfants, que je dédie ce livre.

J'espère que vous le lirez plus tard avec intérêt et qu'il contribuera à vous faire aimer les beautés de l'Antiquité, tant appréciées par votre Grand-Père.

Marie WOLKONSKY.

Novembre 1913.

ISOLA DI SICILIA

Carte de la Route du Voyage

CHAPITRE I

De Naples à Taormina

Le train que nous avons pris hier à Naples nous a menés à San Giovanni, d'où nous allons passer le détroit pour rejoindre la Trinacria.

La courte traversée (3o minutes) est moins mauvaise que je ne l'aurais cru. Ce détroit, redouté des anciens, me rappelle la légende de Charybdis et Scylla.

Homère, dans son Odyssée, représente Scylla comme un terrible monstre marin à six têtes, dont le cri ressemblait à celui du chien. Ce monstre, né de Cratéis, vivait dans une caverne, et happait au passage les marins qui se risquaient dans le détroit.

Dans un rocher, sur la côte opposée, vivait Charybdis, autre monstre marin, qui, trois fois par jour, aspirait l'eau de la mer et la rejetait avec violence, ce qui rendait le passage difficile.

Ulysse, qui naviguait près de ces rochers, perdit six hommes que Scylla lui ravit.

Ovide, d'autre part, donne à Scylla l'apparence d'une belle jeune fille aimée de Glaucus, divinité de la Mer. Par jalousie, Cyrcé transforma Scylla en monstre marin, puis en rocher.

Messine est en face de nous. Une mer houleuse, d'un bleu foncé strié de taches glauques, nous sépare de la pauvre ville détruite. Les

Messine — Ruines d'Églises.

vagues se brisent sur le pont et leur embrun mousseux arrive jusqu'à nous.

De la riante Messine, qui existait il y a quelques années, plus rien ne subsiste de ce qui faisait son charme et sa grâce. Seuls sont debout des pans de murs, des façades de palais ou d'églises, dont l'intérieur et les parois latérales sont écroulées. Partout des décombres. Des wagonnets et des charrettes transportent des monceaux de ruines jusqu'à la mer. Il y a, parait-il, encore des cadavres sous ces amas de pierres et cela semble probable.

La cathédrale nous montre, dans un effondrement général navrant à voir, la moitié d'une coupole toute ornée de mosaïque à fond d'or et des restes de sculpture gothique.

Au milieu de ces décombres, une Messine nouvelle est surgie dans les faubourgs et dans la cité. Des baraques de bois peintes en blanc et cou-

Messine
Les Restes d'une Place.

Messine — « Carretto » sicilien.

vertes en tôle, toutes semblables à elles-mêmes, abritent les habitants, qui ne veulent pas abandonner leur ville en dépit des dangers qu'ils y courent.

La vie a repris; dans les sous-sols des maisons lézardées, des négoces se sont ouverts. La population vivante, calme, pleine d'énergie, répare, reconstruit, refait sa belle Messine, si bien que dans une dizaine d'années ces amas sans nom auront fait place à une ville active, prospère et pleine d'avenir.

Le «libeccio» souffle sur les côtes de la Calabre. De gros nuages gris laissent tomber de lourdes averses; les montagnes bleuissent; puis, l'ondée passée, le soleil tache le détroit de plaques d'azur.

Sur la route de Messine à Taormina, très encombrée et peu praticable, nous rencontrons de lourdes charrettes, attelées de bœufs bruns, et de légers «carretti» à deux roues pleins d'originalité.

Un harnachement, enrichi de plumes coloriées, de paillettes argentées et d'une corne de cuir rouge, fixée à la sellette, pare d'une note vibrante la mule ou le cheval qui traine le véhicule. Ce harnachement brillant et riche; ces charrettes peintes de sujets variés, vifs de tons, donnent, dès l'entrée en Sicile, l'impression très nette que les habitants du pays ont une prédilection marquée pour la

12

pompe et le clinquant. Et c'est un étrange contraste de voir souvent les conducteurs de ces riches charrettes vêtus de haillons, la tête enveloppée d'un mouchoir de couleur, et le corps recouvert d'un grand châle à franges ou d'une cape de ton sombre : contraste qui fait pressentir les anomalies et les étrangetés de cette île, encore pleine de mystère.

Les panneaux de ces «carretti» sont décorés de peintures rappelant des épisodes du moyen âge. Le culte de la chevalerie, qui est au fond de l'âme sicilienne, se manifeste, dans les classes les plus basses de la population, par la représentation de scènes guerrières et sanguinaires, empruntées, pour la plupart, aux luttes soutenues pour l'indépendance de l'île. Des ornements en fer forgé se trouvent aux essieux et complètent la décoration de ces «carretti», dont j'avais souvent entendu parler, mais auxquels je ne pensais pas trouver autant de caractère.

Nous suivons la côte. La route s'enfonce par endroits dans les terres pour rejoindre des ponts qui traversent de larges torrents, maintenant presque à sec.

Les villages se suivent sans interruption : ils sont entourés de beaux jardins «d'agrumi», dont les fruits encore verts présagent une riche récolte.

Le passage de notre automobile intéresse vivement la population qui ne nous manifeste, d'ailleurs, que de la sympathie. Quant à la fameuse misère sicilienne, elle ne m'a pas encore frappé. Le pays au contraire semble prospère.

Sur le rocher de Sant'Alessio se trouve un antique fort crénelé, d'où l'on a une vue admirable sur la mer couverte d'écume qui s'étend au loin vers la Grèce.

13

CHAPITRE II

Taormina

———

Taormina, qui vient après, est de même située sur une hauteur qui domine superbement le golfe de Catane.

Parmi les hôtels de cette petite ville, celui de Timeo, par sa situation sous le théâtre, est certainement le plus pittoresque. Sa terrasse permet au voyageur de rêver à loisir et de ressusciter, dans son cadre même, la vie de l'antique cité.

A nous sentir si près de ce théâtre fameux, l'envie nous prend de le visiter sur le champ. Il est tard et le custode pense déjà à fermer, mais quelques paroles le persuadent et nous entrons.

Bien que le crépuscule enveloppe d'une ombre légère les colonnades du théâtre, il fait

TAORMINA — TERRASSE DE L'HÔTEL TIMEO.

14

encore assez clair pour distinguer les détails.

Le monument a subi une série de transformations. D'origine grecque, il fut remanié par les Romains, puis saccagé par les Sarrazins et les Normands, qui enlevèrent de nombreuses colonnes, pour orner des constructions privées. Une de ces colonnes servait encore, il y a quelque temps, au nivellement des routes.

Les colonnes de la scène qui, au temps des Grecs, se détachaient sur le fond du paysage furent murées à l'époque de la conquête romaine. Ce mur, fait de briques et de pierres cimentées, fut lui-même percé de trois ouvertures arquées. Un tremblement de terre en fit tomber la partie centrale, ce qui donna naissance à la brèche actuelle.

L'amphithéâtre fut aussi modifié ; des entrées spéciales furent établies pour les

15

femmes. Les patriciens prenaient place sur des gradins réservés, et la haute magistrature occupait le « podium », sur des chaises à porteur. La bourgeoisie conserva les rangs supérieurs de l'amphithéâtre, et le peuple, qui avait aussi une entrée particulière, se répandait dans la galerie supérieure, qui avait été ajoutée par les Romains, et qu'on peut comparer aux promenoirs de nos Music-Hall. La construction de cette galerie fit détruire un petit temple qui, surplombait le théâtre.

L'arène qui, chez les Grecs, servait pour le chœur et l'orchestre, fut élargie et aplanie par les Romains pour permettre les luttes des gladiateurs et les jeux des bêtes féroces ; on répandait sur le sol du sable fin d'où le nom « d'arena » (sable).

Ainsi qu'il était d'usage à Rome, ce théâtre n'était pas à ciel ouvert comme en Grèce, mais était au contraire couvert d'un « velarium ».

Dans leur fin sentiment d'art, les Grecs pensaient qu'il n'existait pas de meilleur décor, pour la représentation de leurs œuvres lyriques et dramatiques, que celui de la nature.

La scène du théâtre se profilait sur un fond merveilleux : à droite, l'Etna, dont le sommet couvert de neige emplit tout l'Occident ; au pied du volcan, la mer aux reflets argentés, effet captivant des derniers rayons du soleil déjà couché ! Derrière-nous, la pleine lune éclaire de taches d'or la mer bleu-noir, et des nuages floconneux courent dans le ciel qui s'assombrit rapidement.

16

Taormina. — Théâtre grec.   Vue sur le golfe.

Quel lieu incomparable, à cette heure remplie de mystère, que ce théâtre de Taormina avec ces deux éclairages qui luttent l'un contre l'autre et rendent l'effet plus saisissant !

D'une voix sympathique, le gardien nous raconte l'histoire du théâtre. Que de fois il a dû répéter l'épisode du char plein de bacchantes que les Romains faisaient entrer dans l'arène, pour réjouir les assistants atterrés par la vue du sang des gladiateurs. Je revois, dans l'ombre du soir, les figures joyeuses, fraîches et vivantes des masques et des bacchantes couronnées de feuilles de vigne remplissant le char à déborder ! Quel contraste entre l'apparition sur l'arène de ces physionomies animées et le départ des bêtes féroces dont la gueule et les griffes sont encores rouge de sang ; et quelle opposition, surtout, entre la brutalité de ce spectacle, beau dans sa sauvagerie, et le but pour lequel le théâtre fut bâti par les Grecs ; théâtre noble où le sang ne coulait pas, où les tragédies vibraient d'un souffle ardent et patriotique ! Quel enthousiasme devait ressentir le peuple à l'audition de ces œuvres splendides ! Il me semble voir tous ces Grecs de la Sicile aux traits fins, aux expressions vives, orgueilleux de leur gloire nationale ! Que les murs de l'amphithéâtre durent résonner sous leur applaudissements !

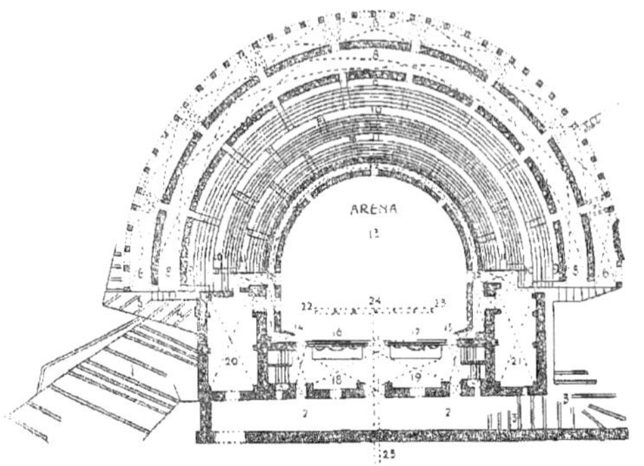

TAORMINA — THÉÂTRE GREC — PLAN.

Le théâtre de Taormina vit représenter les tragédies d'hommes possédant des talents surhumains, dont la pensée me pénètre par cette nuit belle et pourtant menaçante de nuages, pensée où perçaient les secrets à peine dévoilés des mystères d'Eleusis, reposant sur le principe plein d'espoir de la renaissance éternelle de la vie.

En ce moment, à travers les nuages, l'Isis d'Egypte éclaire avec douceur le théâtre des Grecs; Isis aux rayons d'or aujourd'hui, demain d'argent, tu verses sur tout un trouble infini et tes rayons évoquent en moi les beautés des civilisations passées !

D'avoir vécu au théâtre de Taormina la vie de l'antiquité, je me suis reportée à ce que devait être la Sicile avant cette époque grecque si florissante et si riche en œuvres artistiques et littéraires.

La Sicile était alors habitée par des races dont l'origine est peu connue. Les premières populations dont on sait le nom, mais pas l'histoire, sont celles des Sicanes. Les Sykèles, qui les suivirent, vinrent d'Italie environ six siècles avant l'occupation grecque et quatorze siècles avant notre ère ; ce sont par conséquent des Latins. Thucydide prétend qu'ils fuyaient devant les Opiques mais on peut également supposer qu'ils émigraient à la recherche d'une terre nouvelle. On trouve une preuve de leur origine vraiment latine dans le dialecte qu'ils créèrent et qui conserva des mots de la mère patrie. Plus tard, quand les Sykèles fusionnèrent avec les Grecs, ces mots entrèrent dans l'idiome des colonies siciliennes. Sur la civilisation des Sicanes et des Sykèles, M. Orsi, directeur du musée de Syracuse, a réuni des documents, desquels il ressort que les Sykèles étaient une race pauvre. On ne retrouve, en effet, aucune trace d'or et

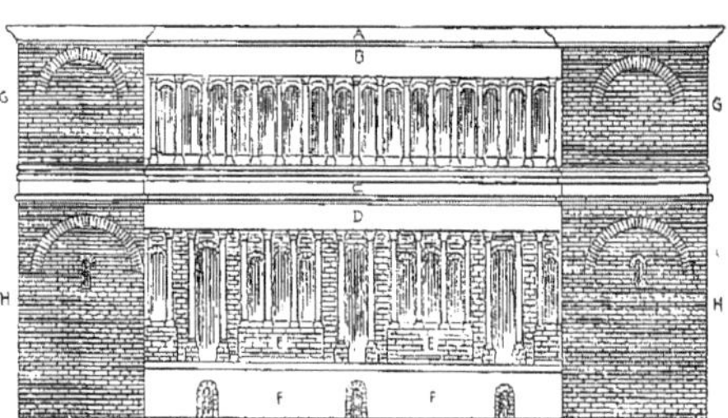

A. Modénatures. — B. Second ordre (ionique) de colonnes. — C. Modénatures. — D. Premier ordre (corinthien) de colonnes. — E.E. Autels. — F.F. Socle. — G.G. Loges supérieures. — H.H. Loges inférieures.

TAORMINA — THÉÂTRE GREC — FAÇADE RECONSTITUÉE DE LA SCÈNE.

d'argent dans leurs sépultures. Toute l'industrie se réduisait à une céramique grossière, quoique ornée de peintures, et à des instruments de pierre. Dans la dernière période de l'autonomie de ce peuple, avant sa retraite dans les montagnes devant l'invasion grecque, paraissent des ornements en bronze tels que « fibulæ », anneaux, colliers, etc. Ces objets, évidemment, étaient d'importation étrangère, puisque la Sicile manquait de mines de cuivre et d'étain.

. . . .

. . . .

Cette nuit il y a eu, parait-il, une tempête effroyable, mais la fatigue du voyage était telle que j'ai dormi sans rien entendre.

De ma bonne chambre, dont les fenêtres sont grandes ouvertes, j'aperçois

TAORMINA — CATHEDRALE — LA PORTE.

TAORMINA — LA PIAZZA DEL DUOMO.

l'Etna couvert d'un gros nuage qui monte dans le ciel en masses épaisses et menaçantes. La mer, plus calme aujourd'hui, semble d'émeraude. Les cimes des eucalyptus dessinent en taches sombres les découpures de leurs feuilles sur le fond clair du ciel. Le panorama que j'ai devant les yeux est le même que celui d'hier au soir au théâtre. Mais cette éclatante lumière matinale me révèle des beautés que me cachait la pénombre du crépuscule.

La pluie battante ne nous empêche pas d'assister à la messe de la cathédrale. Dans l'église vide de bancs, il y a déjà quelques fidèles. Les femmes sont en majorité. Des fichus de mousseline blanche encadrent de jolies figures au teint sombre, aux grands yeux bruns et rieurs. Sur le haut banc de marbre, à gauche de l'autel, trônent les notables de la ville. Ces vieux, aux vêtements simples, aux physionomies rudes et sérieuses, m'apparaissent comme une réunion de philosophes grecs, sortis de leurs tombeaux dans toute leur solennité.

Quelle variété parmi les types de l'assistance ! Près de nous, se tiennent deux jeunes hommes au nez aquilin, à qui un sang mauresque mélangé donne une certaine ressemblance avec le peuple andalou. Plus loin, nous apercevons des visages, dont le profil grec conserve encore la

TAORMINA — LE CORSO UMBERTO.

20

Taormina — Le Théâtre grec au clair de lune.

pureté plastique qu'on admire de nos jours dans les musées. Un enfant, tenu par sa mère, décèle, par son teint brun, ses cheveux crêpus et ses énormes yeux noirs, une provenance assez difficile à définir ; il n'est certes pas d'origine mauresque, et, cependant, le ton foncé de sa figure fine et ronde révèle un croisement de races différentes. Un groupe de jeunes filles pare le fond de l'église des reflets dorés de leurs chevelures blondes : les fiers chevaliers normands y sont certes pour quelque chose.

Les boutiques fermées donnent à la ville l'aspect du dimanche. Seuls sont ouverts les auvents des antiquaires chez qui l'on trouve parfois, parmi de merveilleuses imitations, des objets originaux d'une réelle valeur. Cette « exhibition », qui ne respecte même pas le dimanche, fait deviner la présence de l'étranger, de l'envahisseur indiscret et souvent ignorant de ce sol, où la beauté ne se marchande pas dans les coins obscurs d'une arrière-boutique. C'est au soleil qu'elle resplendit et le peuple la vénère et la comprend.

Les étrangers sont nombreux, trop nombreux même, et si quelquefois l'on rencontre parmi eux des esprits subtils et distingués, combien n'en est-il pas dont la physionomie d'esthète ne reflète ni sentiment, ni culture. Pauvres êtres que leur sensibilité maladive rend incapables de comprendre la beauté d'une idée !

L'ambiance de Taormina devait être différente il y a quelque trente ans, et les êtres baroques que l'on y coudoie ne devaient pas y venir. Le pays en est gâté, la vue outragée. Même l'avalanche de cartes postales contribue à « trivialiser» les beautés de Taormina. Trop d'yeux, souvent peu connaisseurs, promènent leurs regards sur toutes ces choses qu'en amoureuse de l'art je voudrais être seule à contempler. Mais si ce plaisir ne me fut pas réservé, j'eus du moins le bonheur d'admirer en égoïste la beauté de son théâtre antique sous les reflets d'une lune éblouissante.

C'est à l'heure où l'astre d'argent monte dans un ciel d'une transparence sombre et infinie qu'il faut venir ici : le spectacle est alors incomparable. La scène, avec ses colonnes, ses arbres et sa brèche, qui laisse voir la mer au loin, prend des tons étranges : une impression troublante s'en dégage, sous l'empire de laquelle je compris toute la grandeur de la pensée antique, qui remplissait ces ruines comme une onde magnétique . . . .
. . . .

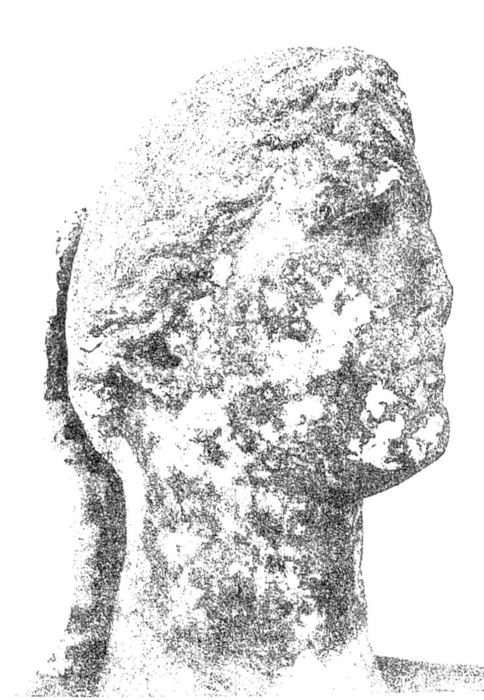

Je regarde et ne puis m'arracher à la contemplation du théâtre et de la nature, fondus en une même beauté. Quelques lumières de Taormina scintillent et me rappellent à la vie actuelle.

Elena, la brune épouse du « custode », une lampe en main, me fait les honneurs du petit musée du théâtre. Une tête de déesse au nez mutilé et un torse d'Eros en constituent le principal attrait. Le reste de la salle est rempli de fragments.

Une tristesse profonde et douce est empreinte sur la figure de la déesse et je me sens moimême, à sa vue, envahie par un sentiment pareil. Sublime influence de l'art parfait, qui donne, même

TAORMINA — MUSÉE DU THÉÂTRE — TÊTE DE DÉESSE.

23

à la froide pierre, l'âme et la vie, et, va ainsi droit au cœur.

Par la fenêtre entrent d'impondérables clartés, cependant qu'un chat noir au poil de velours se frotte contre les marbres blancs.

. . . .

Entre autres ravissantes promenades que nous fîmes durant notre séjour à Taormina, celle de l'Abbadia Vecchia fut une des plus agréables. L'Abbadia Vecchia est une construction à créneaux de style gothique, du XIVᵉ siècle. De jolies fenêtres de même style se trouvent aux étages supérieurs. Un jardin d'orangers, étagé en gradins l'entoure. Les fruits d'or et le feuillage sombre, où se mêlent les fleurs

TAORMINA — L'ABBADIA VECCHIA — FENÊTRES GOTHIQUES.

brillantes des rosiers, lui font un écrin digne de sa beauté, malheureusement en partie disparue.

Le palais du comte de Santo Stefano, qui reçut ensuite notre visite, est d'une architecture semblable à celle de l'Abbadia. Les fenêtres pourtant sont moins belles. Le rez-de-chaussée comprend une salle dite de « gymnastique des Maures » dont la voûte est soutenue par une colonne centrale. On y voit encore des conduites d'eau et un bassin où les Arabes faisaient leurs ablutions, avant ou après leurs exercices.

L'hygiène du corps était chez eux, l'objet de soins particuliers. Un point d'un certain intérêt reste néanmoins à élucider: celui de savoir si les exercices gymnastiques (« palestra » des Romains) suivaient les bains (« tepidarium et frigidarium ») comme chez les Romains, ou les précédaient.

Dans le jardin plein de fleurs, un vieillard nous cueille des oranges. Pendant que nous les goûtons, nous écoutons avec plaisir la conversation qu'il échange sur un ton un peu traînant, avec sa femme, petite vieille dont le visage flétri mais aimable s'éclaire d'un sourire accueillant.

Non loin de là se trouve l'église de Saint-Dominique, construite par Dominus Rubens, baron de Cellure Piscopi et Chumatrice en 1477. Le fondateur, après avoir fait partie de la Communauté et lui avoir fait donation du couvent et de l'église, se repentit de cet acte et fit un testament par lequel il léguait le tout à ses héritiers directs, si la Communauté venait à disparaître ou à être dissoute. En 1860, le Gouvernement italien décréta la suppression de nombreuses congrégations religieuses, parmi lesquelles celle de San-Domenico.

TAORMINA – DANS LE JARDIN DU PALAZZO SANTO STEFANO.

25

L'ancien prieur du couvent en fut nommé gardien et administrateur par les autorités civiles. Or, il advint qu'un jour, en faisant des recherches dans les archives de la communauté, ce prieur retrouva le testament du fondateur de l'œuvre. En rusé compère, il le mit dans sa poche, où il le conserva religieusement pendant trente ans. Mais cette action malhonnête ne lui réussit pas, et le document si précieusement gardé dut sortir de sa cachette, quand l'inspecteur du Gouvernement, mécontent du prieur,

Taormina — Eglise San Domenico — Armoires de la Sacristie.

demanda les clés du domaine. Le prieur obéit, mais se vengea en portant le testament au principal héritier, le prince de Cerami. Quand le moine se présenta à Catane, au palais du Prince, celui-ci, qui craignait de se trouver en présence d'un solliciteur, ne voulut pas le recevoir; mais le prieur insista si vivement qu'il fallut lui réserver une entrevue. C'est ainsi que le prince de Cerami put revendiquer ses droits, et qu'à la suite d'un long procès soutenu contre le Gou-

Taormina — Eglise San Domenico — Les stalles du chœur

26

vernement, son fils signa un accord, aux termes duquel il devint, sous certaines réserves, possesseur du couvent, actuellement transformé en hôtel.

Le principal ornement de l'église, vaste et claire, est constitué par des mosaïques de marbre, riches de dessin et de couleur. Il faut y ajouter le chœur Renaissance en noyer sculpté. Au dessus de chaque stalle, des sculptures en bas reliefs représentent des épisodes de la vie religieuse. Les figurines fines et menues sont parfaitement conservées. Par une porte cachée dans la cloison, l'on pénètre dans la sacristie, ornée de haut en bas, sur trois de ses parois, de magnifiques armoires et de coffres en bois sculpté. La porte d'entrée, ménagée dans la quatrième paroi, est surmontée d'une niche où, suivant les indications d'une plaque de marbre, reposent les restes du fondateur Dominus Rubens.

Une large baie s'ouvre sur un charmant cloître tout rempli de verdure. Ce cloître, ainsi qu'un autre plus grand, fait actuellement partie de l'hôtel San Domenico.

Taormina possède de nombreux restes du moyen âge ; les palais de cette époque ne manquent pas. Beaucoup ont été détruits ; mais le palais Corvaia et

le palais Ciampoli suffisent pour donner une idée des constructions patriciennes de ce temps.

Le palais Corvaia, vaste édifice crénelé, d'une sévérité toute guerrière, possède encore quelques fenêtres ogivales à arcs normands et colonnes géminées. Plusieurs sont obstruées. Il est regrettable que le cadre majestueux de ces ouvertures ait été mûré pour faire place à de

petites baies quadrangulaires à l'usage des habitants actuels. L'étage inférieur repose sur les fondations d'un temple qui, suivant certains historiens était consacré à Minerve.

Le Palazzo Corvaia est aussi connu sous le nom de « Palazzo dei Signori Tedeschi » parce qu'il servit d'habitation, vers 1409, aux chevaliers de l'ordre teutonique.

Dans la cour, un escalier extérieur mène à un palier dont la balustrade est ornée de bas-reliefs

28

représentant Adam et Eve. La richesse de ces sculptures laisse deviner les splendeurs de la vie des Normands. Le Parlement, qui se réunit dans ce même Palais en 1411, a dû donner le spectacle d'un grandiose défilé de riches costumes. Maintenant la cour est sale. Du fumier et de la paille y traînent et, près de l'entrée, deux hommes sont occupés à ferrer une mule rebelle.

L'origine du palais Ciampoli est probablement sarrazine ; en tous cas, ses fenêtres, également

Taormina — Palazzo Ciampoli — Le jardin.

gothiques, sont d'un style plus pur que celles du palais Corvaia, surtout les arcades du mur d'enceinte qui laissent voir, entre leurs fines colonnes une végétation luxuriante de roses, de bougainvillées et de liserons mauves.

Les palais de Taormina ne sont pas les seuls vestiges du passé : à part

Taormina — La « Porta del Mezzo ».

des restes de murs crénelés, il existe encore quelques portes qui coupent la rue principale de la ville. De ces portes, deux surtout sont dignes d'intérêt : les portes « del Mezzo ou dell' Orologio » et de « Catania ou del Tocco ». La première, dont la partie supérieure date de 1100, remonte à l'époque greco-sicule. Elle fut abattue en partie et rebâtie au XVIIᵉ siècle. La seconde, presque au centre de la ville, tire son nom de la cloche que les Normands employaient pour appeler aux réunions publiques, qui se tenaient au Palazzo Santo Stefano.

Un château sarrazin, Castel Mola, domine la ville. De ce château, les murs sont l'unique partie intéressante qui soit debout. Non loin, un petit village, Mola, se blottit entre les rochers.

A Taormina, j'ai peint avec d'autant plus de plaisir que la nature est pleine d'attraits et que je vivais au milieu des souvenirs d'un peuple qui fut grand et beau. Aussi m'efforçai-je de rendre avec tout mon être l'impression enivrante de ce paysage enchanteur.

La saison n'étant pas avancée, notre hôtel n'était habité que par deux femmes peintres, l'une russe, l'autre anglaise et quelques Allemands aux « schön » déplaisants. Une personnalité célèbre dans la littérature anglaise, par ses œuvres psychologiques, se trouvait également à l'hôtel : M. Hichens, l'auteur de « The tongues of Conscience », de « The Call of the blood » où le caractère sicilien est tracé de main de maître, et de « The Way of Ambition ». M. Hichens, que

30

nous avions le plaisir de connaître, a fait de Taormina son séjour de prédilection ; dans la tranquillité et la lumière siciliennes, il médite sur le caractère multiple et compliqué de l'âme humaine. La retraite de M. Hichens est un vrai bijou. Située dans une gorge sauvage et loin de toute habitation, nul bruit n'y rompt le silence, sauf le murmure d'un torrent et le chant des oiseaux. Des roses, encore des roses de toute espèce et de toutes couleurs, envahissent le jardin et entourent la maison

Taormina — Le jardin de M. Hichens.

nette d'une auréole de rouge, de blanc, de rose et de jaune. C'est une orgie de fleurs où les feuilles disparaissent. M. Hichens nous fit aimablement les honneurs de sa roseraie dont nous conserverons longtemps l'agréable souvenir.

CHAPITRE III

De Taormina à Catane

La journée s'annonce superbe ; un ciel bleu encadre le col blanc laiteux de l'Etna dont le panache léger s'envole lentement en volutes grises vers la mer.

Le mur, qui longe la descente que nous faisons à pied, contient des niches où, croit-on, les mauresques ensevelissaient leurs morts. Lieu unique où la grandeur de la nature devait embellir la conception du repos éternel !

Tantôt boueuse, tantôt pierreuse, la route ne permet pas de faire de la vitesse : d'ailleurs nous n'en avons aucun désir. A notre droite l'Etna et quelques collines verdoyantes abritent une quantité de petits villages dont les maisonnettes émaillent de leurs teintes claires les versants de la montagne.

32

Taormina, sur son rocher rose aux ombres bleues, se voit pendant presque toute la durée du trajet. A Acireale, des églises baroques aux formes tourmentées, riches d'ornements, entourent une place irrégulière. Des orangers aux senteurs fortes embrassent la jolie ville d'un cercle de floraison luxuriante.

De noires coulées de lave, qui ne s'arrêtent qu'aux murs de la cité, envahissent par place les plantations.

Après Acireale apparaît l'antique château d'Aci Castello. La mer limpide et tranquille baigne la falaise d'Aci Castello et caresse en même temps de sombres rochers légendaires qui, d'après la fable, auraient été jetés du haut de l'Etna par le Cyclope Polyphème, lancé à la poursuite d'Ulysse. Les îles Cyclopes, comme se nomment ces rochers, ne furent pas déposées là par la force d'une éruption, ainsi qu'on pourrait le penser. Elles appartiennent en effet à la période quaternaire de marne verte et surgirent à la même époque que l'Etna. La légende est par conséquent sans fondement. Les îles sont d'un grand intérêt, car leur formation a donné naissance à des phénomènes remarquables. Entre la roche sédimentaire et les basaltes, des infiltrations d'eaux thermales ont produit des cristallisations de grenats, de pyrites, etc.

CHAPITRE IV

Catane

Comme dans toute ville d'usine, l'entrée de Catane, du côté du port, est malpropre et triste. De loin, nous voyons la fumée de ses fabriques ; la rue grasse et boueuse mène entre des bâtiments noirs, jusqu'au quai. Une population misérable habite cette partie de la ville. Par contre, la foule qui circule dans les quartiers du centre est bien supérieure au point de vue intellectuel. Aux figures sérieuses et intelligentes des jeunes gens, l'on sent bien que Catane est une ville universitaire. Les nombreux libraires qu'on rencontre à chaque coin de rue prouvent, par l'exposition de livres de haute littérature, de philosophie, de physique et de sciences morales et politiques, que l'intérêt de la population se concentre sur des lectures sérieuses.

A côté de cette classe studieuse, une autre nous frôle, la société mondaine. Elle se révèle à nous dans des landaus dont la carrosserie démodée semble mal à l'aise de porter des femmes qui veulent être modernes par leurs costumes et leurs plumes fantastiques hardiment plantées sur d'inexprimables chapeaux.

Les chevaux de ces attelages sont d'une belle race. J'admire leur type de demi-sang, auquel le croisement arabe a donné une grande finesse sans en diminuer la taille.

Catane — La fontaine de l'Éléphant.

La place où se trouve la cathédrale prend, sous l'éclairage du soir, un aspect très spécial. Les rayons de la lanterne placée bien au-dessus du portail projettent une lumière très douce sur l'énorme façade baroque de l'église. Cet éclairage, qui s'estompe dans les ténèbres, enveloppe l'édifice d'un voile de mélancolie. Dans cette demi-obscurité, les statues pacifiques des saints de marbre de la grille paraissent s'animer et vouloir prendre part au développement d'une scène légendaire. Une fontaine circulaire, avec un éléphant en marbre noir supportant une colonne, s'aperçoit dans la pénombre, au centre de la place. Eléphant et colonne représentent les armes de la ville. Le monument pèche certes par la lourdeur ; mais ses chutes d'eau, savamment disposées, diminuent la pesanteur de l'ensemble.

Le spectacle que nous eûmes en quittant cette place, par un escalier à larges marches, aurait fait les délices d'un peintre hollandais. Un Rembrandt aurait trouvé de quoi assouvir sa soif de lumière et d'ombre. C'était sur le marché aux fruits. De pauvres échoppes débordaient d'oranges, de citrons et de tomates, que les lueurs ternes des lampes à pétrole coloraient des tons variés de la gamme orangée.

CATANE — CATHÉDRALE — LA PORTE.

Dans la partie du marché, qui suivait et s'engouffrait sous une large voûte aux parois enfumées et suintantes, des hommes minces, aux figures régulières et au teint brun, vendaient du poisson dans des paniers d'osier ronds, aux fonds plats. Des cris, des gesticulations, des hurlements accompagnaient leurs offres, et ce vacarme assourdissant, nullement agressif, dépeignait en quelque sorte, la jovialité de la race. Rien de vulgaire, ni dans les gestes, ni dans la voix, ni dans les mots.

Le spectacle était prenant de cette foule bigarrée circulant parmi les paniers chargés de « calamai » aux chairs molles et roses ; d'anguilles encore vivantes, s'enroulant les unes autour des autres ; de grosses crevettes, semblables, sous la lumière vacillante, à une végétation de corail ; de turbots ; de rougets aux écailles brillantes ; de « capitoni », poissons que l'on mange à Noël ; de poulpes aux tons bleus ; « d'alici » aux reflets d'argent bruni, et d'énormes sardines scintillantes. Les femmes sont absentes, et je me demande si c'est l'heure tardive qui les tient éloignées de ce lieu bruyant ou la difficulté du marchandage.

Le lendemain matin, avant notre départ, nous retournons sur la place pour visiter le dôme. Le soleil luit sur le dos noir de l'éléphant de marbre.

Cette cathédrale commencée en 1091 par Roger Ier fut détruite par un tremblement de terre et reconstruite en style baroque. De l'ancien édifice, il ne reste que le chœur et les trois chapelles du fond. Les sculptures du chœur sont magnifiques ; de style Renaissance, tout en noyer, elles relatent les phases du martyre de Sainte-Agathe. Dans l'église, sont placés les sarcophages des souverains de la maison d'Aragon : de Frédéric II, de ses successeurs et de Constance, épouse de Frédéric III.

La chapelle de Sainte Agathe, qui contient les reliques de la Sainte, n'aurait que peu d'intérêt si elle ne renfermait un monument gothique dont l'importance est indiscutable. Ce monument, qui date du XVe siècle, est celui du vice-roi Acugna. Ce personnage est représenté tête nue, priant à genoux. Son gros visage sort de sa riche armure. Son jeune écuyer, également agenouillé derrière lui, tient un casque. Le fond du monument est polychromé ainsi que l'encadrement formé par un fronton soutenu par des colonnettes. Dans la décoration se note, en général, un mélange d'art espagnol et de Renaissance italienne. Les reliques de Sainte Agathe sont portées en procession une fois

CATANE — CATHÉDRALE — MONUMENT DU VICE-ROI
ACUGNA.

36

par an autour de la ville et sont escortées par une délégation du municipe.

De l'ancienne cathédrale, il reste encore deux beaux encadrements de portes en marbre blanc. Ces encadrements, d'un artiste de Catane du XIVᵉ siècle, sont divisés en petits panneaux dont le fond est sculpté en bas-reliefs.

Catane possède aussi un théâtre grec, dont les restes, à moitié déterrés, se trouvent au haut de la rue Victor Emmanuel et qui n'a pas, à mon avis, la valeur de la plupart des richesses archéologiques de la Sicile.

Suivant une habitude qui m'est chère, je ne manquai pas de visiter les antiquaires de la ville. J'eus la chance d'acheter de jolies choses et de découvrir des « fichi d'India » chez un antiquaire logeant au premier étage d'un vieux palais, chose qui n'est pas rare en Italie.

M. Sbisa, tel était son nom, nous fit aimablement les honneurs de son appartement. Avec la courtoisie d'un homme, qui compte faire des affaires, il nous montra tour à tour des tableaux plutôt médiocres d'une école flamande ; de grands supports de lanternes en fer forgé et doré, travail sicilien du XVIᵉ siècle, d'une exécution forte et très minutieuse ; des bronzes de fouilles ; des terres cuites de Gela, et enfin une merveilleuse collection de monnaies siculo-grecques. Je ne suis pas numismate, mais je n'ai pas pu ne pas admirer la ciselure fine des profils féminins aux ondoyantes chevelures de ces monnaies.

Pendant que j'étais absorbée par la contemplation de ces chefs-d'œuvre, M. Sbisa, m'offrit un fruit délicieux qui m'était complètement inconnu : c'est ainsi que je fis connaissance avec le frais et savoureux « fico d'India. »

En descendant de chez M. Sbisa nous vîmes de gracieuses chèvres au poil luisant, offrant leur lait de porte en porte à de paisibles ménagères.

CHAPITRE V

De Catane à Syracuse

La route de Catane à Ponte Bivio, dit Primo Sole, passe par une plaine fertile et humide. Elle est horrible, pleine d'ornières, de trous, de boue, et de pierres. Après Ponte Bivio, les montées commencent, mais le chemin devient meilleur. Peu d'automobiles doivent le fréquenter, car les mules s'effrayent de notre passage. Quant aux hommes, couchés dans leurs charrettes, ils ne s'inquiètent guère de notre présence.

Maintenant, le pays est plein de solitude : de ci, de là, sur des plateaux réfractaires à la culture, de jeunes pousses de blé pointent parmi les pierres.

Avant Lentini, quelques jardins d'orangers au feuillage épais forment autant de jolis bosquets. Lentini est bâtie sur une hauteur d'où on aperçoit son lac, grande flaque d'eau marécageuse. Au-dessus de Lentini, un autre village s'est blotti, c'est Carlentini. A notre passage, quelques jolies figures aux yeux noirs, à chevelure d'ébène, se

38

montrent aux fenêtres des maisons basses qui bordent la grande rue. A la sortie du village, nous entrons dans les montagnes, et, sur le pont d'un torrent à sec, nous faisons halte pour déjeuner.

Carlentini — Types du pays.

Un pâtre et ses moutons, qui se trouvaient dans notre voisinage, ramenèrent ma pensée, pendant toute la durée du repas, vers les plaines élégiaques de l'Héllade, si poétiquement décrites par Théocrite et Virgile.

Beaucoup de paysans, à cheval ou à mulet passent sur la route. Leur fusil en bandoulière ou couché sur l'arçan, ils donnent au pays un léger soupçon d'insécurité, d'ailleurs injustifié. Partout où nous sommes passés en Sicile, nous n'avons trouvé que tranquillité et urbanité. Je ne veux pas dire par là qu'il serait prudent de s'aventurer la nuit dans les parages des mines de soufre de Girgenti et de Caltanisette. Mais il serait injuste d'accuser la Sicile de brigandage, parce que de pauvres êtres plongés dans une extrême misère arrêteraient un voyageur pour le voler, alors qu'à Paris les agressions sont si fréquentes.

Notre déjeuner fini, nous repartîmes en contournant de petites montagnes et des collines désertes. A Villasmunde, une quantité de maisonnettes

Un arrêt au pont de Carlentini.

pauvres à un étage s'alignent le long de la rue principale. Toujours beaucoup d'enfants gesticulant et criant. Des femmes, assises au seuil de leur porte, épluchent des oranges, dont elles font ensuite sécher les écorces au long des murs. Ces écorces, disposées en guirlandes, ont une couleur dorée qui claironne sur la chaux blanche. Elles festonnent les maisons et leur donnent un air de fête.

A la sortie du village, Augusta nous apparaît. Son « faro Avolos », qui s'avance dans la mer bleu foncé, semble un grand navire pénétrant dans le port.

Derrière Augusta se dessinent la «penisola Magnise» et le rocher de la «Punta Panagia», qui abrite Syracuse des vents de l'Orient.

40

Syracuse — L'ile d'Ortigie.

CHAPITRE VI

Syracuse

Nos premières journées passées à Syracuse furent consacrées aux ruines antiques.

Nous pensions trouver des temples encore debout, mais notre attente fut déçue. Tout, ou presque tout, a disparu. Pourtant, il reste assez pour intéresser le voyageur.

L'hôtel Villa Politi, dont les chambres donnent sur les latomies des Capuccini, est un hôtel charmant. Ces latomies sont de magnifiques carrières, qui fournirent aux Grecs les matériaux nécessaires à la cons-

Syracuse — L'hôtel Villa Politi et la latomie des Cappuccini.

41

truction de la ville. Elles furent également employées comme prisons. Dans le fond de la latomie des Capuccini abonde une végétation luxuriante d'orangers, de cyprès, de lauriers, de citronniers et de toute cette flore du Midi qui recherche la chaleur et l'humidité. Les latomies se développent en labyrinthes, que la nature et la main de l'homme ont formés. Nous passâmes plusieurs heures dans ce dédale de rochers blancs et gris. Des sentiers, toujours variés, nous

menaient, tantôt dans des cavernes sombres, tantôt dans des jardins fleuris. Gustave Doré eût goûté une satisfaction d'art unique en voyant, en réalité, ces hautes et majestueuses falaises, dont son imagination fertile illustra les œuvres de Dante. Il y eût retrouvé cet éclairage d'en haut qu'il affectionnait. Ces énormes rochers calcaires prennent des aspects si étranges qu'ils donnent l'illusion d'un pays de contes de fées.

De ces latomies, nous allons aux catacombes. De la lumière diffuse, nous passons à l'obscurité presque complète. Les catacombes chrétiennes, que garde un moine franciscain, sont à quelque distance de la Villa Politi.

Le gardien, brave vieux à face ronde, une lanterne à la main,

Syracuse — La latomie des Cappuccini.

Est-ce parce que la lumière y pénètre
partiellement, ou pour toute autre cause,
elles m'ont laissé sous une impression
moins pénible que celles de Rome.

La première église chrétienne de
Syracuse voisine avec les catacombes,
auxquelles elle est rattachée. Au-dessus
d'elle, les Normands en construisirent
une autre de plain-pied, dont on aperçoit la façade par des arcades à colonnettes percées dans un mur.

nous précède dans la visite de ces
corridors souterrains, dont une partie reste encore à explorer et qui,
prétend-on, sont plus vastes que
ceux de Rome. Les parois de ceux
que nous parcourons ont de chaque
côté des niches sépulcrales vides
de leurs ossements. Ceux-ci furent
transportés par les Normands dans
une chapelle voisine.

A part quelques figures presque effacées, les catacombes de Syracuse ne possèdent pas de fresques.

43

Les chapiteaux des quatre piliers qui soutiennent les voûtes de l'église chrétienne, patinés par le temps et verdis par la mousse, symbolisent le bœuf, l'aigle, le lion et l'ange, attributs des quatre Évangélistes. Le moine nous montra l'autel où saint Pierre prêcha pendant son voyage de Malte à Rome. On voit aussi sous ces voûtes le pilier de granit où saint Martin fut lapidé, et qui fut rélégué dans cette église après le martyre du saint.

Parmi ces choses mortes, il est un endroit bien joli : c'est le jardin où les roses roses et les roses thé,

44

s'épanouissent avec vigueur à côté des fleurs de « vaniglia » et des liserons violets, en un gracieux désordre. Une végétation pleine de vie, que n'a jamais violé le sécateur d'un jardinier, enchevêtre ses ramures en ce lieu de piété où le bon moine franciscain est le seul maître !

Mais laissons de côté les antiquités chrétiennes un peu tristes d'aspect, pour chercher celles plus grandioses de l'époque romaine. Par un chemin qui passe entre des vergers « d'agrumi », nous nous dirigeons vers elles. Il fait chaud ; le soleil est resplendissant, le ciel sans nuage.

L'amphithéâtre romain est construit sur le plan de tous les édifices du même genre. Il a quelque chose de

45

commun avec le Colysée : c'est un bassin central où se déroulaient les « Naumachies » et les luttes aquatiques avec le crocodile, bassin qu'on fermait et recouvrait de sable pour les combats de gladiateurs.

La partie en maçonnerie de l'amphithéâtre a été détruite par un des nombreux tremblements de terre qui secouèrent Syracuse ; ce qui reste du cirque suffit cependant pour donner une

46

idée exacte de ce qu'était ce monument, où quinze mille personnes pouvaient trouver place. Proche de cet amphithéâtre, se trouve le théâtre grec. Ses abords ne nous font pas deviner sa belle situation.

Placé sur une hauteur, ses gradins sont taillés dans la roche vive et descendent jusqu'à la scène où existaient, comme au théâtre de Taormina, deux rangées de colonnes dont il ne reste que les bases. L'acoustique y est si parfaite que de tous les gradins on distingue admirablement la voix humaine.

Vu de la scène, le théâtre, qui saillit en clair sur le fond vert de la prairie de Neapolis, impressionne par sa simplicité pleine de majesté. Des gradins portant des noms de personnages gravés dans la pierre se voient encore. Les deux stalles réservées aux tyrans de Syracuse, sont situées à gauche, en

47

dans la pierre calcaire. Cette voie est bordée d'une série d'excavations, qui servaient de sépultures aux habitants de Syracuse. On distingue encore sur la route les profonds sillons creusés par les roues des chars funèbres.

Près du théâtre est située la latomie « del Paradiso » où les prisonniers athéniens furent enfermés par les Syracusains victorieux. Les latomies étaient alors des cavernes sans lumière. Les tremblements de terre les ont en partie mises à jour. Une végétation surabondante envahit maintenant le chaos de rochers de la latomie « del Paradiso » au fond de laquelle des hommes travaillent à filer de la corde. La lumière qui pénètre dans ces lieux

48

regardant la scène. Cette disposition fut observée pour que les tyrans entendissent mieux la voix de l'acteur, qui déclamait en se tournant vers la droite. 42,000 personnes pouvaient assister aux spectacles, sur 60 rangées de gradins partagées en secteurs coupés par deux passages. Du théâtre, le regard du spectateur se repose sur le merveilleux décor de Syracuse, de l'île d'Ortigie et du port mollement battus par la mer.

Derrière l'édifice commence la voie des tombeaux. Elle est tracée

enveloppe dans la même tonalité vivante les hommes qui travaillent et les rochers avoisinants.

C'est dans cette latomie que se trouve « l'Oreille de Dyonisius », énorme grotte creusée dans le roc. Bien que certains pensent qu'elle tire son nom de sa forme, je crois plutôt que son appellation lui vient de ce que l'ouïe du tyran Dyonisius a joué un grand rôle dans son histoire. Cette grotte, de la hauteur d'une nef de cathédrale, s'enfonce en serpentant dans des profondeurs obscures. A certain endroit, le guide nous montre une ouverture située dans le haut, d'où Dyonisius écoutait les propos des prisonniers grecs afin de déjouer leurs complots. L'écho y est effectivement si fort, que le moindre son se répercute avec une netteté et une vigueur exceptionnelles. Le plus petit bruit, tel celui d'une étoffe froissée ou d'un papier déchiré, se reproduit avec une intensité extraordinaire. Quant aux chocs un peu violents, ils résonnent avec la force d'un coup de canon.

Non loin de la latomie, sont les soubassements d'un autel où, pendant les fêtes publiques, les Grecs sacrifiaient des taureaux à leurs dieux.

Dans Syracuse même, il n'est qu'un temple bien conservé, celui qu'on dit être de Minerve, temple de style dorique. Pour le transformer en église, les chrétiens ont relié les colonnes avec de vilains murs qui, sauf sur la façade baroque, ne sont pas par bonheur assez épais pour dérober entièrement la forme majestueuse des fûts.

La route qui mène de Syracuse au fort d'Euryelos, et que nous avons suivie par un après-midi ensoleillé, traverse un plateau pierreux, sur lequel s'étendait la Syracuse de Gelon.

Le fort antique d'Euryelos, dont il ne reste plus qu'une partie, fut construit sur l'Epipolis, vers la fin de l'an 3oo avant notre ère. Il est, à mon avis, le monument le plus intéressant de Syracuse. C'est de ce fort que partaient les murs qui embrassaient la ville en triangle, sur un parcours de 3o kilomètres.

En contournant la colline qui conduit au fort, nous nous trouvons en face de ses quatre tours carrées. Deux profonds fossés nous en séparent. Celui dont nous sommes le plus rapprochés était recouvert de branchages et formait, pour ainsi dire, un immense piège, dans lequel les assaillants disparaissaient et venaient se tuer sur les lances qui en hérissaient le fond. L'autre servait de dégagement à la partie souterraine du fort. Sur ces fossés passait un pont-levis,

5o

Syracuse — Fort Euryelos — Les quatre tours.

dont les piliers de sou-
ténement existent en-
core. L'armement prin-
cipal de la forteresse,
dû au génie inventif
d'Archimède, se trou-
vait dans les quatre
tours de la façade. On
passe de ces tours dans
la partie postérieure en
traversant une petite
place d'armes. Rien de
plus simple à défen-
dre que ce château-fort
triangulaire, qui pos-
sédait de vastes gale-
ries souterraines en
forme de voûte. Ces
galeries, qui concou-
raient à la défense de
la place, présentaient

52

Une entrée aux galeries souterraines.

de nombreux angles saillants et rentrants dans lesquels les défenseurs se plaçaient en embuscade. D'autres galeries, qui aboutissaient dans la campagne, étaient percées d'ouvertures soigneusement dissimulées à l'extérieur. C'étaient celles qui devaient servir de ligne de retraite et favoriser la fuite des assiégés, lorsque toute résistance était devenue impossible. Il y a en outre dans cette partie de la forteresse deux variétés de couloirs qui, suivant leur hauteur, étaient réservés au passage des cavaliers ou des fantassins. Dans une des parois du second fossé où débouchent maintes galeries souterraines, se trouvent de grandes grottes qui, paraît-il, servaient à la conservation des vivres, Non loin de là, un escalier creusé dans le roc relie ce fossé à la partie supérieure de la forteresse.

En feuilletant un journal anglais, au cours de mon voyage, mon attention fut attirée par le plan d'un type de fortification moderne. Quelle ne fut pas ma surprise d'y retrouver, tous les éléments stratégiques de la forteresse d'Euryelos : tours, couloirs souterrains, dégagements, enceinte fortifiée, etc.. Je reproduis ici ce dessin à titre de curiosité.

Au pied d'Euryelos gisent les ruines de la ville. Ces restes informes sont éparpillés sur tout le plateau. Rien que des tas de pierres. Parmi ces pauvres débris d'une splendeur passée, qui virent s'agiter tant de vies intéressantes, disparues sans laisser de traces, un pauvre ânon broute paisiblement dans la solitude infinie. Beau sujet de méditation sur la fragilité de nos espoirs et de nos ambitions !

Quelques ouvriers, qui travaillent plus loin à la mise en état d'une route, se plaignent de la rareté des trouvailles archéologiques. Les fouilles, disent-ils, sont difficiles et, lorsque par hasard, elles aboutissent à quelque découverte, nos musées s'emparent des objets pour une somme minime.

Vraiment le paysage est beau, beau à ne pas l'oublier ; non par sa majesté, mais par la grâce de ses lignes, la douceur de ses teintes et la sérénité de son atmosphère. Contrée aux parfums subtils qui ne pouvait engendrer qu'une civilisation aimable et souriante !

Syracuse offre à l'archéologue des documents préhistoriques du temps

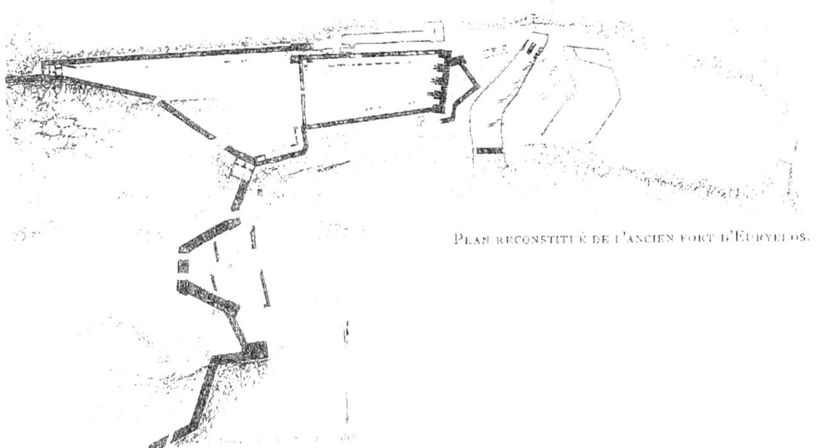

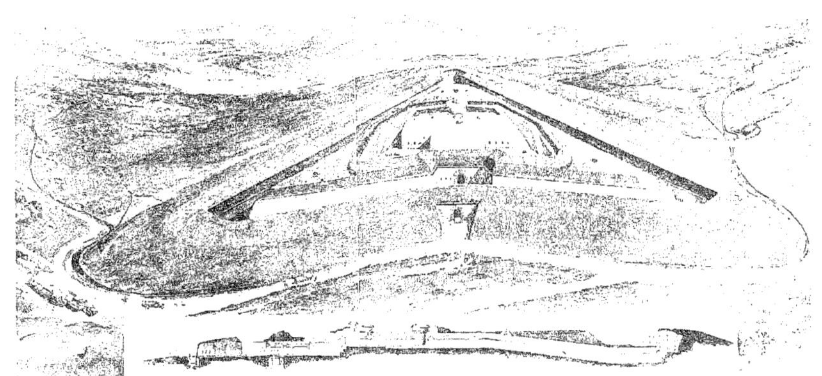

des Sicules, du plus haut intérêt, que le musée de Syracuse conserve précieusement. Le directeur, M. Paolo Orsi a mis toute son activité et son érudition à constituer cette collection, qui permet de suivre l'histoire des peuples préhistoriques de la Sicile, et comprend des lances en silex, des aiguilles, des vases primitifs en terre cuite, ornés de stries régulières ou d'arabesques peintes en brun-rouge, et des objets en bronze.

55

Avec cette collection de grande valeur, le musée est riche en vitrines remplies de vases et de figurines grecques de Megara, Terranova, Gela, Iblea, c'est-à-dire de toute la production de l'âge d'or de la céramique Siculo-Grecque. Il y a là des vases de toutes formes. Certains sont élancés et portent un goulot fin ; d'autres, plus grands et plus larges, sont munis d'anses arrondies, d'autres enfin ressemblent à des coupes de différentes tailles. Suivant l'époque, ils sont tantôt à fond blanc et figurines noires (1re époque), tantôt à fond noir et figurines rouges (2me époque), tantôt enfin à fond rouge et figurines noires (3me époque).

Les sujets décoratifs, presque tous variés, ont des significations mythologiques souvent à clé. Beaucoup de petits vases sont ornés de faunes dansant, alors que sur les grands figurent des luttes de guerriers et d'amazones, ou des quadriges.

La Venus si connue de Syracuse est un autre trésor du musée. On y retrouve toutes les qualités de la sculpture grecque. Toutefois, ce n'est ni l'art de Praxitèle ou de Phidias, ni celui qu'on admire dans la Vénus Callipyge ou la

56

Syracuse — Musée — La Vénus Anadyomène.

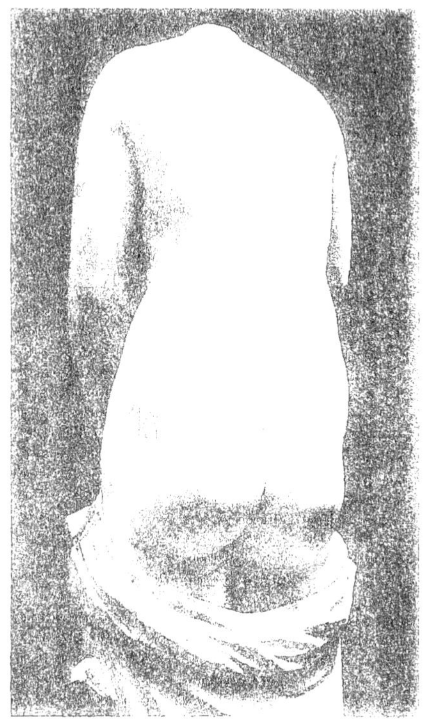

Syracuse — Musée — La Vénus Anadyomène (dos).

Syracuse — Musée — Reproduction de « l'Auriga » de Delphes.

Vénus de Milo. La Vénus de Milo est une superbe femme à l'allure majestueuse. La Vénus de Syracuse est une belle Sicilienne, mais sans aucune grandeur. Le sculpteur y a certes mis toute la technique de son art, mais il ne pouvait représenter que ce qu'il voyait. Les femmes d'Ortigie n'étaient pas celles de l'Hellade ; mais toutes ces considérations n'empêchent pas que je ressentis une profonde admiration pour cette œuvre pleine de grâce, d'harmonie et de souplesse, et que je goûtai pleinement le temps passé à la contempler.

La reproduction de « l'Auriga » de Delphes se trouve dans la salle voisine. Cette œuvre archaïque a une noblesse et une distinction que ne possède pas la Vénus. L'attitude de « l'Auriga » est calme, pleine de force et d'assurance ; c'est

58

celle d'un vainqueur aux courses de
chars [1].

La Syracuse moderne s'est confi-
née à l'île d'Ortigie. C'est une ville aux
rues étroites, proprement tenue, où se
voient de place en place des restes de
constructions normandes. Au palais
Montalto, deux fenêtres de ce style ne
peuvent passer inaperçues. Plus loin
une fenêtre arabe au palais Lanza est
d'une finesse exquise.

Le quai qui longe le grand port
est d'une belle venue ; planté de chênes
verts et de phicus à petites feuilles, il
n'est malheureusement pas propor-
tionné à l'étendue resserrée de la ville.
En le suivant, on arrive jusqu'au jar-

din public et à la fontaine d'Arethusa
où poussent des papyrus. La légende
raconte que le fleuve Alphée poursuivit Arethusa jusqu'en ce lieu, où
Diane la changea en source. Ap-
puyée au parapet de la divine fontaine, je crois voir fuir Arethusa
devant les déclarations amoureuses
du vieil et redoutable Alphée. Le
lieu est charmant à cette heure cré-
pusculaire et les eaux foncées d'Arethusa vibrent et changent de tons

[1] « L'Auriga » original, qui se trouve au
musée d'Olympie, fut offert à Delphes par Gélon.

Syracuse — Fenêtres arabes du Palazzo Lanza.

comme l'écaille d'une coquille fantastique. Un phicus se reflète dans l'eau, quelques fleurettes s'y mirent, et des poissons paisibles, aux molles allures, prennent contact avec la nymphe. De toutes parts se dégage une délicieuse atmosphère de repos, qui m'envahit peu à peu et à laquelle je m'abandonne tout entière.

L'eau est attirante comme les légendes et le devient davantage quand un mythe s'y rattache; c'est le cas pour l'Anapo. La fable dit que la Nymphe Cyane versa tant de pleurs pour avoir courroucé Pluton qu'elle fut changée en source. C'est cette source qui donna naissance à l'Anapo, fleuve minuscule aux eaux rapides et transparentes, dont la beauté bien spéciale, consiste principalement en une double bordure de papyrus, plantés, dit-on, par les Arabes, et qui poussent dans ces eaux douces mieux que dans celles du Nil.

Pendant plusieurs kilomètres nous suivons en barque son cours sinueux. De tous côtés nous sommes environnés par les touffes épaisses, aux panaches verdoyants, plumeux et légers, de ces plantes aquatiques qui forment une superbe muraille de verdure. Le coloris frais des papyrus, en se reflétant

dans l'eau, lui donne des tons d'émeraude. Comme une glace bien polie, l'Anapo renvoie l'image de ces majestueuses herbes folles.

Une étrange sensation d'étouffement me saisit. Malgré sa beauté, cette verdure me fatigue. Je voudrais être aux sources pour redescendre plus vite la rivière ; puis l'angoisse s'évanouit, un grand calme m'envahit et une lassitude morbide s'empare de tout mon être. Une fée subtile doit régner ici et semer son narcotique tout au long du cours du fleuve.

De retour à l'hôtel, il nous reste le souvenir

d'une rivière de contes de fées, parée des tons exotiques et rares d'un bijou d'Orient.

Si l'on en juge par les propos tranquilles que l'on entend et par les visages empreints de douceur que l'on rencontre aux environs de la ville, il est à présumer que les fameux brigands de la Sicile n'avaient pas choisi Syracuse comme centre de leurs opérations. Femmes et enfants, en compagnie de leur mari ou de leur père, se promènent en bons bourgeois qui apprécient, comme il convient, le calme d'une vie peut-être un peu monotone. Bien qu'elles ne soient pas grandes et qu'elles deviennent un peu fortes, les femmes de Syracuse sont plutôt jolies ; elles ont des mouvements gracieux et dénués de cet emprunté qu'ont souvent les femmes de même classe en France. Les yeux, généralement beaux, éclairent des figures fines. Les jeunes hommes ont une démarche légère et svelte. La santé et la vigueur des corps se devinent sous les vêtements propres ou les costumes de travail. Leur regard pétille et fait penser au bon vin de Syracuse qui réchauffe l'âme. J'ai souvent constaté qu'il y a une étroite liaison entre les hommes d'une contrée et les produits qui s'y récoltent. Le soleil sicilien, dont l'influence se fait certainement sentir

62

sur le caractère des habitants, excerce aussi sur les fruits de la terre ses bien-
faits vivifiants.

Le soir, au restaurant, pendant que nous dégustons un vin capiteux
assaisonné de « spaghetti » à la sicilienne, et qu'avec entrain nous discutons de
choses et d'autres, à une table voisine, un groupe d'Allemands, aux figures
graves, parlent lourdement d'archéologie sans souci de la part de poésie qui
s'attache à l'antiquité. Pour eux : voir, étudier, ce n'est pas jouir, c'est noter
laborieusement. Et ce travail pénible se lit sur leur physionomie. Quelle différence
avec l'Allemagne de Gœthe et de 1813 !

Deux femmes peintres (il y en a tant de nos jours), deux Anglaises aux
cheveux ébouriffés et au sourire de vieilles filles, ont l'air de narguer tout le
monde. Une seule femme sympathique parmi ce groupe divers d'étrangers
venus visiter la capitale de Gelon : c'est une vieille dame américaine ou anglaise
à l'expression douce, aux yeux intelligents. Celle-ci doit jouir profondément de
son voyage et embellir ses souvenirs de la grâce de son cœur.

Depuis mon retour à Paris, je songe souvent à ma chambre de la Villa
Politi et à sa terrasse. C'était de là que chaque matin j'admirais le lever du soleil
sur l'île Ortigie qui, d'abord voilée d'une brume légère, se détachait peu à peu
sur la mer et les coteaux couleur pastel. A mes pieds, la verdure des jardins
surabondants de vie de la latomie montait vers le ciel limpide. Par les jours gris
et froids où l'on se sent un peu triste, ce souvenir donne de l'énergie et remplit
l'âme d'un rayon de soleil imaginaire.

CHAPITRE VII

De Syracuse à Girgenti

Le matin, de bonne heure, nous partons de la riante et charmante Villa Politi. Le « Scirocco » a soufflé toute la nuit ; la mer a des tons verdâtres qui présagent la tempête ; des nuages gris courent dans un ciel encore clair. Nous passons près du temple de Jupiter dont il ne reste que deux colonnes. La campagne est parsemée de vergers d'orangers, de néphliers et de pêchers déjà en fleurs. De place en place, des bananiers et des palmiers, parmi lesquels le vert des caroubiers fait le plus bel effet sur le brun-rouge de la terre. La route longe des champs fraîchement ensemencés jusqu'à Noto. Cette dernière ville, pittoresquement juchée, possède des palais et des couvents aux fenêtres grillées. La forme de ces grilles est baroque, d'un beau baroque ; les fers forgés qui les composent s'avancent en corbeilles vers le bas des fenêtres.

La cathédrale, où aboutit un escalier monumental de style également baroque, n'offre rien d'intéressant à l'intérieur, mais l'église Santa Croce conserve une Vierge en marbre de Francesco Laurana. Pour une œuvre de la fin du

64

XVIIe siècle, cette statue, joint à beaucoup de grâce une pureté de lignes qu'on trouve rarement dans les productions de cette époque. Le garçonnet qui nous sert de guide, est suivi bientôt d'une foule de gamins qui nous accompagnent jusqu'à l'auto.

De Noto à Modica, la route s'engage dans un pays de collines toujours rocheuses, où les plus petits morceaux de terre, bien que sertis de pierres, sont soigneusement labourés.

Rosolini, autre petite ville bâtie sur une hauteur est moins pittoresque que Spaccaforno qui, du haut de son rocher gris, domine superbement la plaine et la mer. De ce dernier point la route passe dans une contrée assez aride.

Midi sonne lorsque nous arrivons au Val d'Espica, profonde gorge sauvage au fond de laquelle se blottit Modica. Un passant nous indique l'hôtel Bristol. Cet hôtel est situé au bord du

ROSOLINI — LA CATHÉDRALE.

torrent qui, il y a six ans, inonda toute une partie de la ville. L'hôtelier nous explique qu'il habitait alors un quartier plus élevé et qu'il entendit un bruit formidable vers 5 heures du matin. C'était le torrent qui montait avec une telle rapidité qu'en l'espace de 4 minutes il atteignit le premier étage des maisons. Trois cents personnes périrent dans cette épouvantable catastrophe. Les pertes matérielles furent considérables. Ce même «cavaliere», propriétaire de l'hôtel nous raconte que, dans la contrée où l'on cultive surtout le froment, les paysans épargnent beaucoup dans le seul but d'acheter des terres, des «fondi», comme il dit. Il ajoute qu'un paysan acheta récemment pour 50,000 francs de terres et paya comptant. Ce paysan, qui n'était âgé que de 42 ans, n'avait eu qu'une brebis pour tout avoir. A force d'économie, il avait accumulé suffisamment pour devenir propriétaire foncier. Dans cette partie de la Sicile, le paysan n'est pas pauvre : ou bien il cultive la terre du propriétaire à « mezzadria[1] », ou bien il travaille à la journée moyennant un salaire de quatre à six francs.

Quelques églises en très mauvais état, datant du XVIIIᵉ siècle, donnent à Modica un cachet de richesse déchue.

De Modica à Ragusa, les hauts plateaux reprennent ; des champs nouvellement labourés, avec la charrue bien primitive et incommode, s'étendent à droite et à gauche. Partout des pierres et des cultures. La route descend d'abord vers le torrent Erminio et remonte ensuite à 497 mètres où, à un tournant, se

[1] Sorte de métayage.

66

Ragusa supérieure et Ragusa inférieure.

démasquent les deux villes de Ragusa inferiore et Ragusa superiore. On dirait que les maisons montent les unes sur les autres ; elles ont un aspect humide et vieillot. La route, bonne jusqu'alors, devient impraticable, comme aux abords de toutes les villes siciliennes.

Cette contrée est très riche en tombes Sicules. On en voit partout, creusées dans le rocher. Les deux Ragusa sont encore des centres agricoles, quoique le pays minier commence aux environs. Elles sont construites en pain de sucre, et prennent sur le fond de ciel nuageux qui les encadre une physionomie tout à fait extraordinaire.

Sur les hauteurs suivantes pousse une herbe courte que pâturent des centaines de brebis et de chèvres blanches. Ces hauteurs forment un immense plateau des bords duquel on domine une vaste plaine limitée d'un côté d'ondulations qui s'élèvent peu à peu, et de l'autre d'une mer vert-sale, mauvaise et orageuse. En bas, tout en bas, les toits de tuiles et le dôme de la cathédrale de Comiso augmentent, par leur éloignement, l'impression de grandeur et de profondeur de la plaine. Tout ce versant est planté de gros caroubiers aux belles feuilles découpées, qui forment une véritable forêt.

A Comiso, la plaine commence. De gros nuages noirs s'amassent derrière nous ; les montagnes disparaissent dans une obscurité menaçante.

67

Environs de Ragusa.

Nous nous hâtons vers Vittoria. Les 10 kilomètres qui nous séparent sont rapidement couverts. Il est 3 h. ½ lorsque nous traversons cette ville. La bourrasque nous suit, mais le nuage se dédouble et une ondée violente passe à notre droite en masquant le paysage d'un rideau gris. Il nous reste encore 34 kilomètres à faire pour rejoindre Terranova, où nous désirons passer la nuit. Remplie de boue, de trous et d'ornières, la route devient rapidement atroce. Nous traversons un pont, puis un passage à niveau et, à la nuit tombante, nous nous engageons dans un massif de montagnes.

Tout est désert : on ne voit plus de paysans sur leurs mules ou leurs ânes. Une montée pénible commence ; secoués et jetés de gauche à droite, nous avançons lentement. La pluie tombe à larges gouttes ; de temps en temps des éclairs sillonnent la nue. Nous nous arrêtons devant une maison de cantonniers pour demander notre chemin, puis devant une autre ; un enfant s'offre à nous servir de guide ; mais à la première bifurcation il nous quitte pour revenir chez ses parents, et nous voilà abandonnés à notre sort sur une route inconnue, parfois peu sûre, au centre d'un orage menaçant. Il fait absolument noir quand nous sortons des montagnes et, sans allumer les phares, ce qui causerait une perte de temps, nous fuyons devant la tempête. En face, sur une colline, quelques lumières brillent ; c'est Terranova di Sicilia, l'ancienne Gela. Tel le navigateur que tranquillise dans la tourmente la vue du phare indicateur, tels nous nous réjouissons à l'apparition de ces lumières.

68

L'arrivée dans la nuit, sans lanternes sous la pluie qui s'est déchaînée, est réellement impressionnante.

L'auberge de l'endroit, dont nous sommes obligés de nous contenter, est une épicerie où se trouve une salle de restaurant surmontée de quelques chambres : dallage de carreaux à dessins blanc et beige, lits en fer, à dossiers ornés de peinture, toilettes minuscules, chaises nombreuses, tables rondes, tel est le mobilier des chambres où nous devons passer la nuit et jouir, si possible, d'un repos bien mérité, car la propreté douteuse des lits nous suggère l'idée de dormir sans enlever nos vêtements. Vers 6 h. ½ nous descendons pour dîner dans la salle à manger, qui se trouve au fond de l'épicerie. A la fin du repas nous demandons s'il y a des antiquaires à Terranova. L'hôte-

Terranova — Figurine de la collection Nocera.

lier, jeune homme alerte, nous répond affirmativement et envoie chercher le « cavaliere » Nocera, personnage connu pour sa collection de vases et de statuettes greco-sicules. Celui-ci arrive bientôt et nous explique, avec volubilité, que l'électricité vient de faire défaut dans sa maison, mais qu'il se fera quand même un réel plaisir de nous montrer ce qu'il peut.

Nous voilà donc partis par les rues sombres sous une pluie fine pour voir les fameux vases. L'appartement du « cavaliere » Nocera, vaste et propre, avec des meubles sans goût, me rappelle les intérieurs provinciaux du centre de la Russie. Mais parmi des fauteuils incommodes et des guéridons chargés de photographies familiales, se montrent de merveilleux vases dont l'un, de toute beauté, est magnifiquement illustré d'une lutte d'amazones.

Terranova - Le vase de la Niké (Collection Nocera.

La joie d'admirer est franchement amoindrie par la personnalité du « cavaliere » Nocera. C'est certes un brave homme, mais malgré sa bonhomie, nous ne pouvons lui pardonner le torrent de paroles, de pensées et de détails dont il nous accable. Ce n'est plus de l'érudition, mais de la monomanie. L'explication des sujets mythologiques des vases grecs, hante sans cesse sa pensée, et plus spécialement Athenæ-Pallas, la Niké et Minerve qui, d'après lui, ne font qu'une seule et même individualité, contrairement à l'opinion des érudits qui les distinguent entre elles.

Le « cavaliere » Nocera ne parle pas seulement, il écrit

Terranova - Le vase de la Niké (Collection Nocera.

69

aussi. Dans l'une de ses publications, d'ailleurs un peu confuses : « l'Emblème des Grecs en relation avec les armes romaines », il s'efforce de mettre en lumière ses idées personnelles sur la signification historique des motifs qui décorent les vases grecs.

Parmi les siens, le « cavaliere » Nocera est seul à s'adonner à l'étude des terres cuites. Pendant une absence momentanée de leur père, parti dans une pièce voisine, les fils nous avouent, l'un que la bicyclette est infiniment plus passionnante; l'autre, l'aîné, que l'agriculture est chose plus sérieuse. Tous deux considèrent la passion de leur père comme une occupation inutile, qu'ils respectent pourtant en bons fils.

Ces quelques mots sont à peine échangés que le « cavaliere » Nocera revient tenant en mains le vase de la Niké à fond blanc et dessins noirs. Deux personnages s'y remarquent : Hercule à droite et Thésée à gauche, séparés par le Lion d'Hercule. Au-dessus de ces héros, deux oiseaux, à la tête relevée, sont interprétés par le « cavaliere » Nocera comme deux aigles donnant la clé des armes de Minerve, qui étaient aussi celles de Carthage. Après cette «surprise», ainsi qu'il appelle ce vase, il nous montre son trésor, une statuette archaïque d'environ 15 centimètres de haut. C'est une Isis assise les jambes repliées et coiffée d'une haute tiare. Les bras de la déesse sont en deux morceaux, rattachés par des chevilles en bois. Dans ces temps reculés, les bras se faisaient en deux parties. La figure fine et bien modelée ajoute à la beauté de cette étrange statuette.

Après avoir vu ces choses rares, nous quittons cet homme aimable pour nous rendre chez un autre collectionneur, le « cavaliere » Russo, qui habite en face.

Cet érudit a déjà vendu une partie de sa collection au baron Del Giudice et au Musée de Palerme. Ce qui lui en reste mérite néanmoins une étude attentive. Le « cavaliere » Russo cumule les occupations ; il est à la fois amateur, collectionneur et vendeur d'objets d'art, ce qui ne l'empêche pas d'avoir une agence d'assurances et d'ajouter ainsi, en bon philosophe et en homme pratique, l'utile à l'agréable. Nous ne pûmes quitter sa demeure sans emporter deux vases grecs de la meilleure époque, qu'il voulut bien nous céder à des prix raisonnables.

Après cette randonnée nocturne dans les maisons de Terranova, le repos que nous prîmes nous sembla plus doux qu'à l'ordinaire.

A l'aube, l'auto nous attendait devant la porte ; une foule l'enserrait de près et rendait le chargement des bagages presque impossible. Comme Terranova n'est pas sur la route ordinaire des touristes, cette curiosité populaire est assez explicable. Une atmosphère de sauvagerie planait, pour ainsi dire, sur

LES PASSANTS SUR LA ROUTE.

toute la scène. Aucune animosité cependant sur les visages, mais l'ahurissement qu'accompagne tout phénomène inexpliqué. La route vers Licata longe la mer sur presque tout son parcours. Nous nous arrêtons auprès d'un ruisseau pour puiser l'eau dont notre moteur a besoin. Des hommes, qui passent à âne, descendent de leur monture pour nous aider. Leurs figures de brigands au teint brun, à l'aspect rude, contrastent avec l'amabilité de leurs manières. Leur aide nous fut fort utile, car les rives marécageuses de la rivière en rendaient l'abord difficile. Un brave homme et son fils entrèrent jusqu'aux genoux dans la vase, ce qui nous permit de nous ravitailler. Ce travail fini, nous insistâmes pour rémunérer leurs services ; mais, tels de nobles « hidalgos », ils ne voulurent rien accepter, ce qui ne nous empêcha pas de glisser une pièce blanche dans la main de l'enfant qui les accompagnait.

Le château Falconera que nous trouvons un peu plus loin est un beau spécimen d'architecture normande. Flanqué sur trois côtés par des murailles, il est bordé sur le quatrième par un jardin de palmiers et d'araucarias que baigne la mer. Nous suivons la côte jusqu'à Licata, ville construite à proximité d'un cap. A partir de cet endroit la route n'offre, paraît-il que peu de sécurité. Cette pensée ne nous effraie pas ; elle est au contraire un attrait de plus à notre voyage. Rien d'ailleurs ne vint nous prouver la véracité de cette assertion. Les charretiers assez rares que nous rencontrâmes, et qui s'écartaient au premier

72

appel, aussi bien
que les passants,
tous furent cour-
tois.

Une suc-
cession de mon-
tées sur une route
ensoleillée et dé-
serte se présente
à nous de Licata
à Palma di Mon-
techiaro. Palma

Le château Falconera.

di Montechiaro est un petit pays d'agriculture ; on n'y sent pas l'influence per-
nicieuse des centres miniers.

Un col passé, une vue nouvelle se découvre sur une plaine. A l'horizon une rangée de montagnes bleuissent sous le soleil du matin et Girgenti,
comme une opale, sort toute transparente des vapeurs de cette lumière
matinale.

La descente est terminée ; nous approchons de l'ancienne Agragas, en

Licata.

73

cotoyant des mines de soufre. Seuls quelques paysans travaillent aux champs. A un coude du chemin les temples nous apparaissent sur un long promontoir de rochers jaunâtres. C'est d'abord celui de Junon, puis celui de la Concordia; petits et pourtant grandioses dans l'harmonie simple et pure de leurs lignes.

74

Girgenti. — Le Temple de Junon.

CHAPITRE VIII

Girgenti

L'hôtel des Temples étant fermé, nous descendons à l'hôtel Agragas, maison assez propre et bien située, en dehors de la ville, pour jouir d'un panorama étendu sur la mer et les Temples.

Les étrangers qui viennent à Girgenti s'y arrêtent à peine. Ce fut, par conséquent, une bonne aubaine pour l'hôtelier que le séjour d'une semaine que nous y fîmes ; la note du reste nous prouva que nous avions payé pour tous ceux qui ne font que passer.

La Girgenti moderne est une ville de mineurs qui n'est pas aussi plaisante que Taormina ou Syracuse. Elle est d'un caractère plus âpre. Les hommes y sont rapaces et habitués à la lutte. Le climat est rude. Le pays battu par le vent est malsain. Quand souffle le « Sirocco » ou la « Tramontana », les nerfs se tendent et le corps tout entier est pris d'un malaise indéfinissable. Ce climat ne convient certes pas aux nerveux. Sans doute aussi avons nous ressenti cette impression avec plus de force pour avoir peint pendant deux jours sous un vent de tempête. L'été, il doit faire une chaleur torride dans cette vallée

entourée de mines de soufre ou de pierres brûlées par le soleil. La mer, même, ne semble pas avoir d'influence sur ce pays de sécheresse. Et pourtant, peut-être, à cause de sa rudesse, j'aime Girgenti. Ses temples, son ambiance de dur labeur, qui remplace le luxe d'antan, lui donnent un cachet tout particulier. On oublie le présent et on pense au passé.

Le musée, qui d'ailleurs est presque toujours fermé, nous est aimablement ouvert par un brave « custode ». Ce musée possède un jeune Apollon archaïque aux yeux bridés, dont la coiffure est carastéristique des statues de Naples de cette période. Les proportions sont régulières, les membres un peu trapus, les épaules larges et les hanches petites. Le marbre en est très blanc et de grain fin. A côté de cette statue se trouve un petit fragment de Vénus accroupie, d'un mouvement fort joli. En dehors de ces deux marbres, il y a dans le musée un torse d'éphèbe, un buste d'Empedoclès et un bas-relief qui représente la mort d'Iphigénie, sur lequel on distingue deux gracieuses figures féminines aux tuniques ondoyantes. Quelques jolis vases à sujets mythologiques sont placés sous vitrines; sur l'un

76

Girgenti. — Le Temple de la Concorde.

d'eux figure un malade qu'Esculape guérit au moyen de la musique, remède, à son sens, infaillible. Dans une petite cour sont relégués des sarcophages grecs et romains; l'un, de grandes dimensions, est creusé dans un seul bloc de marbre.

Les Temples de Girgenti méritent, non seulement les visites des touristes, mais le culte et l'étude des admirateurs des chefs-d'œuvre de l'Art.

Le premier de ces temples fut édifié au-dessus d'un précipice, à l'extrémité orientale de l'ancienne ville. Il était consacré à Junon. Presque toutes les colonnes en sont conservées; malheureusement les frontons manquent. Vu du Nord et à contre jour, sa masse est très imposante. Quelques oliviers rabougris et une herbe grisâtre l'entourent. Le fronton sud offre un spectacle bien différent. Le précipice se trouvant à une trentaine de mètres, le manque de recul empêche le spectateur d'embrasser l'ensemble majestueux de la construction, ainsi qu'il est possible pour le fronton nord. De ce côté les colonnes sont violemment éclairées par le soleil; les ombres sont lumineuses, et, qui s'arrête quelque temps à les contempler, finit par subir l'éblouissement de toute cette lumière. Les pierres d'un ton d'ocre vif sont rehaussées en certains endroits de taches rouge-brique tirant sur le mauve. Ces tâches ont, paraît-il été produites par les incendies qu'allumèrent les Carthaginois.

Au bas du rocher, bêtes et paysans ont une taille de pygmées. De l'en-

droit élevé où nous sommes, nous voyons des collines grises et sèches se profiler au loin en ondulations gracieuses, qui se fondent avec la nappe bleu-clair de la mer, où glissent comme une nuée d'oiseaux, sous les rayons obliques du soleil, les voiliers blancs des pêcheurs.

Nous restâmes toute une journée à peindre en ce lieu magnifique et grandiose.

Le temple de la Concordia, qui suit celui de Junon, rappelle par sa conservation et son style, ceux de Pestum. Toutes les colonnes sont debout, les métopes et les frontons à leur place; la toiture seule manque. L'emplacement, choisi avec tant d'art par les fondateurs de ce temple, donne encore plus de majesté à ses colonnes doriques, simples et un peu massives.

Le terrain environnant est percé d'une quantité de citernes creusées par les Grecs pour approvisionner la ville qui n'était alimentée que par une source insuffisante, qui existe encore et porte le nom de source des « Greci ». A l'époque des persécutions, les chrétiens trouvèrent un refuge dans ces citernes et les transformèrent en catacombes.

Sur cette même hauteur se trouvait le temple d'Hercule qui fut détruit par un violent tremblement de terre. Ses énormes colonnes sont maintenant

78

Girgenti. — Vue sur le Temple de la Concorde de la terrasse de l'Hôtel Agragas.

GIRGENTI — LE TEMPLE D'HERCULE.

couchées du Nord au Sud. Il serait très facile de les remettre en place car elles sont rangées en un ordre presque parfait. On aperçoit encore, sur certaines, le stuc blanc qui les revêtait.

En descendant la colline, nous parvenons au plus grand de tous les temples. C'est celui de Jupiter Olympien dont les proportions sont si gran-

GIRGENTI — TEMPLE DE JUPITER — LES CARIATIDES.

79

dioses qu'il pourrait aisément contenir les trois sanctuaires précédents. Malheureusement presque rien n'en subsiste : il paraît qu'au siècle dernier on y prit des blocs pour édifier le « Molo » de Porto Empedocle. Au milieu de l'esplanade centrale gît une énorme cariatide, poignant symbole de cette destruction générale. Les proportions du temple de Jupiter étaient si vastes que c'est à juste titre que les Agrigentins étaient fiers de ce monument qui, d'ailleurs, ne fut jamais terminé.

Dans la plaine, quelques colonnes du temple d'Esculape sont adossées à une ferme. Ce temple fut édifié pour combattre les ra-

GIRGENTI — LE TEMPLE DE CASTOR ET POLLUX.

vages des fièvres pernicieuses dont souffrent encore les parties basses de la campagne de Girgenti.

Dans un verger voisin, planté d'amandiers et de pêchers, se dressent, fières et pimpantes, les cinq colonnes du petit temple dédié à Castor et Pollux, jolies colonnes, en partie revêtues de stuc blanc avec une corniche polychrome où la sévérité du style dorique est légèrement atténuée par des bas-reliefs ioniques. Combien il devait être gracieux ce temple blanc revêtu de décorations bleues et rouges !

C'est avec plaisir qu'on remonte à pied, le soir, la route des temples

Girgenti — Le temple de Castor et Pollux.

vers Girgenti. Le soleil baisse, les pins parasols de l'église de San Nicola
resplendissent de tons verts éclatants. La porte cintrée du monument se colore
en rouge. Auprès de ces splendeurs de la nature, les figures pâles des petits
ouvriers des mines, qui reviennent du travail, font peine à voir. Leurs yeux
sont battus et une tristesse infinie se lit sur leur visage. Pauvres enfants dont la
vie ne sera certes pas longue! Le cœur se serre à les voir passer matin et soir,
aux mêmes heures, les uns à pied, les autres montés à deux sur un âne.

Le frère de l'hôtelier nous propose une promenade en ville pour
visiter les églises. Nous acceptons avec empressement. San Nicola nous retient d'abord. L'église se trouve contre une grande ferme entourée d'un jardin charmant. La paysanne qui nous mène à l'intérieur est mère de deux beaux jeunes gens qui ont épousé les deux sœurs. Parents et enfants vivent en communauté dans la plus parfaite harmonie.

L'église San Nicola, au portail massif, date de la conquête normande; elle est entourée d'un jardin planté de verveines. Cette chapelle chrétienne côtoie des restes antiques. Une large citerne, aux solides murs de soutènement, est proche de l'église et sert au fermier.

Dans le jardin de verveines, l'oratoire

GIRGENTI — ÉGLISE SAN NICOLA — LA PORTE.

de Phalaris est un autre vestige grec, qui subit maintes transformations et dont il ne reste qu'un édifice carré envahi par des fleurs sauvages.

Vue du jardin, Girgenti ne manque pas de pittoresque. La ville moderne étage sur le coteau ses maisons blanches ou roses jusqu'au ciel bleu. Au premier plan, et lui formant cadre, les vergers d'oliviers et d'orangers tapissent les pentes douces. Des chèvres mi-blanches, mi-rouges, au poil soyeux, broutent de ci, de là, et font penser à des faunes antiques aux figures spirituelles et un peu moqueuses.

L'intérieur de San Nicola est simple et ancien. Des peintures curieuses du XVe siècle parent les murs. Elles sont un peu détériorées, mais ont l'originalité des œuvres primitives de ce temps.

En dehors de San Nicola nous visitons avec un vif intérêt la cathédrale située tout en haut de la ville dans un quartier des plus calmes.

L'histoire dit qu'elle fut bâtie sur l'emplacement du temple de Jupiter Policus. Lors de la construction du temple, Phalaïs, qui dirigeait les travaux, s'empara du pouvoir avec l'aide de ses ouvriers. D'une cruauté sans pareille, il immolait ses ennemis à Jupiter, en leur faisant subir les plus épouvantables

supplices; on raconte qu'il les brûlait vifs dans un taureau de fer rougi au feu. Heureusement pour la pauvre Agragas, ce monstre fut détrôné et remplacé par Télémaque qui régna vers l'an 549 avant notre ère. Théron, descendant de Télémaque et gendre de Gélon, tyran de Syracuse, s'allia à son puissant beau-père pour combattre les Carthaginois; et, sous le règne des Empédocles, la ville, riche et luxueuse, atteignit à son apogée. Comme toute chose, chaque ville a son temps. Ainsi advint-il d'Agragas. Les Carthaginois la prirent, la brûlèrent en 406 avant Jésus-Christ et emportèrent à Carthage ses plus belles œuvres d'art. Elle s'en remit, mais ne recouvra plus sa puissance d'autrefois, malgré le renouveau de jeunesse dont elle témoigna sous Timoléon.

Pendant les guerres puniques, Agragas servit de base d'opérations. Prise et reprise par les Romains, elle tomba définitivement en leur pouvoir et changea son nom en celui d'Agrigentum.

Que le lecteur excuse cette courte digression historique. Elle était nécessaire, car tout se tient en ce pays où l'art grec et l'architecture normande disparaissent parfois, ainsi qu'à la cathédrale, sous un amas d'ornements baroques.

Le plafond en bois peint de cette cathédrale, d'un coloris chaud et profond, a été mis à découvert par l'archevêque de Girgenti. Les piliers normands, superbes dans leur envolée, ont été partiellement mis à jour. Pour dégager les arcs aux lignes simples et les soubassements de l'ancien édifice normand, les travaux ont mis bas les anges de plâtre et les feuilles d'acanthe dûs au style baroque.

Pourtant, à certain point de vue, il est regrettable que toute cette ornementation soit anéantie par la pioche du démolisseur. Personnellement je n'aime pas la sculpture du XVIIᵉ siècle, mais elle est quand même représentative d'une époque et d'une manière d'être de l'esprit. En suivant une rue voisine, où du linge diversement bariolé pend aux fenêtres ouvertes décorées de fleurs, nous parvenons à l'église de Santa Maria dei Greci. Comme la cathédrale, elle est aussi construite sur un temple, celui de Minerve. Ses ruines sont agrémentées d'une série de colonnes. Nous vîmes les soubassements et les marches du temple intelligemment transformé en sanctuaire par les premiers chrétiens.

Grâce à la recommandation du « cavaliere » Russo nous pûmes ensuite visiter à notre aise les collections privées du baron Del Giudice et de son fils.

Celle du père comprend une

85

grande quantité de vases grecs et siculo-grecs. Une des pièces les plus importantes est une grande coupe d'environ 40 centimètres de diamètre, ornée à l'intérieur et à l'extérieur de sujets mythologiques.

La collection du jeune baron Del Giudice, composée de vases grecs, de camées, de bronzes, d'objets d'or et d'argent commence par une époque très primitive. Cette première partie de la collection fut confisquée, lors de son achat, par le Gouvernement en vertu d'une loi spéciale. Un procès s'en suivit, mais le baron Del Giudice obtint gain de cause; et, depuis, il

conserve, à titre de curiosité, les scellés gouvernementaux apposés sur les objets.

Au milieu d'un grand nombre de statuettes en bronze, je remarque un Apollon et une petite tête de femme. L'Apollon a trente centimètres de haut. Le modelé de son corps est irréprochable. La chevelure de la petite tête de femme est ornée d'une bandelette en or, pareille à celle que les élégantes portent de nos jours. Des miroirs, des pièces d'armures de gladiateurs, un casque de guerrier grec (d'abord attribué à l'époque romaine), et un harnachement grec de cheval complètent cet ensemble.

Le baron Del Giudice possède, en outre, une merveilleuse collection d'œuvres d'art en or, qu'il serait difficile de trouver ailleurs et qui comprend, notamment, une série importante de bandelettes admirablement repoussées au marteau, remontant à la bonne époque grecque. Deux de ces bandelettes sont extrêmement curieuses; l'une, qui appartenait à une femme, est frappée d'arabesques et de figures; l'autre, destinée à un prêtre de Neptune, est décorée de scènes relatives au culte de ce dieu.

86

Les camées du baron Del Giudice sont en nombre considérable; et, chose rare, la qualité n'est pas inférieure à la quantité. Les procédés employés pour la gravure sur pierre dure ont malheureusement disparu. Comme il est certain que les anciens ne se servaient pas d'outils mécaniques, il est à supposer qu'ils employaient des acides très puissants. Entre tous ces superbes camées, j'admire plus spécialement un Apollon, un petit faune, une Minerve, et une scène mythologique gravée sur pierre d'assez grandes dimensions.

Toutes ces collections sont rangées dans de hautes vitrines en acajou foncé, placées autour d'une grande chambre. Le vieux baron, petit de taille, aux regards vifs et cheveux blancs, a une figure intelligente. Il se complaît parmi les pièces rares qu'il a réunies et qui représentent une vie de travail et d'étude. Son fils, qui lui ressemble sur bien des points, possède au même degré que lui le goût de l'archéologie. Ses deux filles sont petites, minces et brunes; elles sont éveillées et fines et causent avec animation de la Sicile et de

Girgenti — La cathédrale — Une chapelle

leurs voyages à Paris. La jolie baronne Del Giudice, femme du jeune baron, a de beaux yeux doux, un visage mince et pâle. Elle paraît ne penser qu'à ses deux bébés blonds, aux figures délicates.

On nous avait conseillé de ne pas sortir le soir à pied, hors de la ville. Ce jour-là pourtant nous rentrâmes à l'hôtel par une obscurité complète sans qu'aucun incident se produisît. Les seules ombres que nous aperçûmes furent celles de paisibles ouvriers rentrant à leur foyer. La réputation d'insécurité de ces régions est fortement exagérée, et les environs des grandes villes sont

Girgenti — Une mine de soufre.

incomparablement moins sûrs le soir que le cœur même du pays du soufre. Les mines de cette région sont exploitées à l'aide de systèmes plus ou moins perfectionnés. Le mode de travail est néanmoins partout le même. Chaque ouvrier prend à son service un « picciotto » pour transporter les fragments de soufre en haut des puits. Ces fragments sont chargés dans des paniers, au fur et à mesure de leur extraction. Les « picciotti », qui ont souvent moins de treize ans, font un travail très pénible. Ils montent, jusqu'à vingt fois par jour, à une hauteur de cent cinquante mètres, ces lourds paniers remplis de minéraux. Leur salaire journalier varie de un franc cinquante à deux francs. L'ouvrier mineur qui a un contrat à forfait cherche à extraire le plus de soufre possible pour le livrer au plus vite à l'Administration des Mines ; ce qui fait que le pauvre « picciotto », surmené par son maître, succombe souvent sous l'excès de fatigue.

Girgenti — Mine de soufre — L'extraction du minéral.

CHAPITRE IX

De Girgenti à Sélinunte

Vers six heures je suis réveillée par des chants pleins de mélancolie. Des voix jeunes et limpides entonnent en chœur une triste mélopée, rendue plus angoissante par des reprises de basses profondes. Ce sont les ouvriers qui vont à la mine. Leurs voix résonnent lugubres dans la nuit comme celles de galériens qui se souviennent de la liberté passée mais ont perdu toute volonté de la recouvrer.

Des nuages semés sur un ciel encore pâle et une lumière terne précèdent le lever du soleil.

De la route que nous prenons au départ, le dernier coup d'œil sur la série des temples est ravissant. Sous la brume légère du matin, ils n'ont rien de grandiose, mais quelquechose de joli et de doux. Les bois d'oliviers qui les entourent se dessinent sur le fond des collines azurées qui se perdent dans le lointain.

Porto Empedocle est une bourgade sale ; nous traversons avec difficulté sa grande rue raide et humide, qui descend jusqu'à la mer.

Nous suivons ensuite une côte déserte resserrée entre la mer bleu-

Le fleuve Platani et les monts San Giorgio e Sara.

indigo et des rochers d'un blanc éclatant. Quand nous tournons sur notre droite, des collines de formation volcanique surgissent. Rien ou presque rien n'y pousse, sauf de rares herbes ou des palmiers nains. Même les cactus qui bordent souvent les routes ont disparu. De loin apparaît Siculiana, village mort dans ce paysage sans vie. Tout contribue à cet effet : les femmes mal peignées aux vêtements en haillons, les enfants dépenaillés, les rues remplies de détritus et les habitants misérables. Où prendraient-ils, du reste, de quoi vivre, parmi ces rochers stériles? Les cultures, qui reprennent un peu plus loin, font heureusement oublier ce paysage de désolation.

A l'approche du fleuve Platani se montre la masse des monts San Giorgio et Sara, sur un rideau de légers nuages. Entre ce fleuve et Ribera, la route tourne brusquement; on monte et, derrière les montagnes qui nous entourent, se dresse le pic neigeux de la Sierra di Biondo.

Le village de Caltabellotta, qu'on aperçoit au loin avant d'arriver à Ribera, est fièrement perché sur une montagne sauvage. Il semble protéger tout le pays et devait défier les attaques des seigneurs du moyen-âge. Son propriétaire, le Comte de Caltabellotta doit rarement gravir son rocher abrupt.

La proprette Sciacca, que nous traversons ensuite, est située au bord de la mer. C'est une ville vivante et gaie, qui possède un joli jardin et une belle terrasse sur la Méditerranée.

L'Amérique recrute dans toute cette région de nombreux émigrants, mais les paysans, qui quittent leur pays faute de travail rémunérateur, y reviennent tôt ou tard avec une petite fortune qui leur permet d'acheter une charrette, une mule, et parfois quelques terres, et de réaliser ainsi le maxi-

mum des « desiderata » d'un paysan sicilien. L'un d'eux, que nous rencontrâmes, nous dit que la charrette et la mule qu'il conduisait étaient sa propriété ;
mais, ajouta-t-il, « que voulez-vous, la terre n'est pas souvent à nous et nous y
travaillons beaucoup pour gagner bien peu ; elle appartient à des riches ! Aussi
ai-je, quant à moi, l'intention de retourner en Amérique pour quelque temps ».

Presque tous les hommes de condition moyenne sont armés du fusil,
comme aux environs de Catane ; ceux qui sont à cheval le portent en travers
de leur selle. Vêtus d'un gros capuchon noir, la tête entourée d'un mouchoir
sous un chapeau mou, ils ont belle mine sur leur monture fringante.

Dans ces parages, le service de sûreté est particulièrement important.
On rencontre bon nombre de gardes champêtres et de carabiniers armés. Ces
mesures sont nécessaires pour la sauvegarde des voyageurs dans un pays de
mines en continuelle effervescence, où la poste même doit être escortée. Plus
que tous, les gens de Menfi sont turbulents.

CHAPITRE X

Sélinunte

Passé le Vallo del Fiume Belici, l'Hysas des anciens, nous atteignons le plateau sur le bord duquel se trouve Sélinunte.

Fondée en 628 avant notre ère, Sélinunte entra en lutte avec Ségeste. Cette rivalité amena l'intervention des Athéniens en Sicile. Quelques années plus tard, cent mille Carthaginois aidés des Agrigentins attaquèrent la ville, que les Syracusains ne purent secourir à temps. Pendant les guerres puniques Sélinunte disparut complètement, et, quelques siècles plus tard, des ermites chrétiens vinrent s'établir parmi ses ruines.

Le soleil baisse et éclaire obliquement les monceaux de pierre qui restent des trois temples de Sélinunte. Ces temples, dont l'ensemble est navrant à voir, forment un titanesque chaos de colonnes aux tambours colossaux et de chapiteaux brisés.

92

De place en place se dresse encore une colonne.

Le plus grand des trois, celui d'Apollon, a des proportions gigantesques et je me demande, à le voir, comment les Grecs s'y prenaient pour remuer les blocs formidables dont il était bâti.

Il n'était pas encore terminé quand les Carthaginois attaquèrent Sélinunte et y mirent le feu. Des colonnes aux cannelures à peine ébauchées prouvent surabondamment que la construction était inachevée. Tout cet amas de pierres est réellement imposant.

Du temple de Minerve, il ne reste que quelques fûts debout dans un espace déblayé.

Les colonnes du temple de Junon, qui était le plus rapproché de la mer, sont couchées sur l'herbe verte dans une symétrie presque parfaite. Les effets du trem-

93

blement de terre qui a bouleversé Sélinunte sont plus apparents en ce lieu que partout ailleurs.

Ces trois colosses, vaincus par la nature, beaux dans le silence du soir, sont les seuls témoins d'une vie disparue. Et le cœur se serre à la pensée que tant d'efforts humains furent anéantis par une seule secousse sismique. De quelle violence dut être l'action volcanique qui terrassa en quelques secondes de pareils géants !

94

Sélinunte — Temple de Minerve.

Pour arriver à l'Acropole, il faut descendre dans un vallon envahi par le sable fin que le « Sirocco » apporte d'Afrique et qui recouvre toute la campagne. Des dunes remplacent maintenant les champs jadis fertiles et les vergers d'oliviers.

Trois temples couronnent la colline de l'Acropole qui surplombe la mer. On suppose que deux d'entre eux sont ceux d'Hercule et de Minerve ; quant au troisième, on ignore la divinité à laquelle il était consacré. Au temple dit d'Hercule nous observons un phénomène étrange : les dix-sept colonnes du côté nord sont couchées parallèlement. Socles, tambours, triglyphes, métopes, corniches, tout a été jeté régulièrement à terre comme par un formidable coup de vent. L'impression est forte

96

et je me sens petite et faible devant le spectacle de cette œuvre humaine abattue comme une maison de cartes.

L'imposante majesté de l'Acropole et le spectacle de la mer, magnifique sous le soleil couchant, qui teinte de rose ce dédale de pierres, m'inspirent un sentiment de poésie grandiose et triste, fait de souvenirs sans espoirs et d'effroi contenu. Les maisons de la ville qui s'étendaient au Nord sont encore en place. Jusqu'à ce jour, elles n'ont pas été fouillées. Que de choses curieuses doivent s'y trouver ! Une porte de sortie, pratiquée dans un mur de grande épaisseur, nous mène aux fortifications qui étaient faites sur un style semblable à celles de Syracuse. Le fossé franchi, une tour semi-circulaire garantissait l'Acropole du côté de la terre ; la ville continuait au delà.

Les murailles de la tour sont dans un état de conservation suffisant pour donner une idée assez exacte de ces fortifications élevées, paraît-il, sous la direction d'Hémocrate.

Les restes de quelques habitations chrétiennes et d'un cimetière sont près d'un des temples. Des sépultures ouvertes contenant des ossements humains, brûlés par le soleil et mouillés par la pluie, provoquent en moi certaines considérations philosophiques d'une nature plutôt déprimante.

Peu de choses au petit Musée : des statuettes, des quantités de lampes et de vases funéraires. Rien de réellement beau. Ce Musée a été dégarni : tous les objets de valeur, y compris les bas-reliefs et les métopes du temple d'Hercule, ont été transportés à Palerme.

97

CHAPITRE XI

De Sélinunte à Ségeste

Nous quittons ces ruines impressionnantes pour les champs et les forêts de chênes-liège qui nous séparent de Castelvetrano.

Cette ville est pauvre; l'hôtel peu propre, et je prévois une nuit assez mauvaise. Mais qu'importe, les temples que nous venons de voir et celui que nous visiterons demain sont pour nous d'amples compensations aux petits inconvénients du gîte.

Ma chambre est carrelée en couleur, comme toutes les chambres d'hôtel de Sicile. Par la fenêtre, qui ferme mal, souffle un vent aigrelet; la voûte de la chambre et le papier à fleurs des murs sont tachés d'humidité. Comme les draps sont d'un froid pénétrant, je m'apprête à passer la nuit dans un vieux manteau.

Nous nous rencontrons à table avec trois personnes qui voyagent pour affaires. L'un est Napolitain, l'autre Milanais et le troisième Sicilien. Ce dernier parle à peine. Sa figure à l'ovale long, au teint hâlé, au nez fort, est semblable au masque âpre des habitants de Girgenti. Son voisin, l'homme de Milan, blond, vif, entame de suite une conversation, au cours de laquelle il déplore l'état arriéré de la Sicile, le peu d'initiative de ses habitants, la mauvaise marche des trains et le petit nombre de ses bons hôtels. Cet homme a beaucoup voyagé ; il connaît l'Egypte et, avec juste raison, trouve que la belle Sicile vaut comme intérêt historique et beauté le pays du sphinx, si à la mode actuellement. « La faute en incombe, dit-il, aux Siciliens qui ne font rien pour attirer les étrangers ». Bien que cette appréciation soit juste, et que je m'y range volontiers, j'aime néanmoins la Sicile telle qu'elle est, avec ses mauvaises routes, ses hôtels un peu borgnes et l'affabilité générale de ses habitants.

Nous quittons Castelvetrano avant le lever du soleil. La journée s'annonce admirable ; l'air est frais et pur. C'est dimanche. Peu de voitures sur la route.

L'arrivée à Santa Ninfa ne manque pas de charme et, de sa hauteur, on jouit d'une vue très étendue. En bas, la vallée verte et fertile encerclée de collines qui s'estompent dans la brume ! Sur l'une d'elles la petite ville de Salemi est entièrement teintée de rose.

La vallée de Santa Ninfa est malsaine, plantureuse et peu habitée. Sa terre rougeâtre et grasse est granuleuse ; les plantes sont vigoureuses. Les maisons des cantonniers, seules demeures de cette vallée, ont de fins réseaux de fil de fer pour défendre les habitants contre les moustiques, porteurs des germes de la « malaria ».

Salemi avec son château est bâtie aux abords d'une vallée verdoyante, où, à côté des arbres communs à la Sicile, poussent des peupliers et des chênes ordinaires.

Le pays que nous traversons est montagneux. Le village

Environs de Calatafimi.

de Vita, sale et boueux, a un aspect agreste. De là à Calatafimi le panorama change constamment.

Chemin faisant, nous passons au pied de la colline où est érigé le monument élevé à la mémoire de Garibaldi, en souvenir de la prise de Calatafimi. De la hauteur où il est édifié, il semble dominer et protéger la Sicile.

Calatafimi se trouve peu après ; nous ne voyons d'abord que les ruines de son château, situé sur une colline cônique. Par une route montueuse nous parvenons à la petite bourgade.

C'est jour de fête : les rues sont encombrées de monde, surtout d'hommes. Notre auto s'arrête et, de suite, elle est entourée d'une foule compacte. Nous demandons un guide pour visiter le temple de Ségeste ; d'une seule voix, tous offrent leurs services ; jeunes et vieux se cramponnent à la voiture.

La première effervescence passée, l'un d'eux, d'aspect plus imposant, s'étant assuré qu'il y avait deux Italiens dans notre voiture, et non des étrangers, nous présenta un homme d'un certain âge pour nous accompagner.

Sous la conduite de ce « cicerone » improvisé, nous fîmes une partie de la route pour nous arrêter à une dizaine de kilomètres au bord d'un torrent que nous fûmes obligés de traverser. Ce torrent n'était pas profond, mais large et violent; et comme il n'existait ni pont, ni passerelle, le brave homme nous offrit son dos comme moyen de transport, et s'enfonça ainsi entre les pierres en luttant contre l'eau bouillonnante.

Sur l'autre rive, la montée commence par un sentier assez humide parsemé de pierres roulantes. Il n'est que dix heures du matin; malgré l'ardeur du soleil, l'atmosphère est légère. Nous marchons facilement; je me sens pleine de vie et d'entrain, conséquence certaine de la limpidité de l'air et de la beauté du paysage!

———————

CHAPITRE XII

Ségeste

Le pâturage environnant est désert ; de ci, de là, sur d'autres montagnes, se voient des maisonnettes aux toits plats, demeures de bergers solitaires. Pas un bruit ; la majesté de la nature prépare à celle du temple de Ségeste.

De la maison du « custode », adossée à une bergerie, le temple se montre de face. Il est situé sur une esplanade élevée que dore le soleil et jette sa note claire sur la masse grise d'un rocher. Encore quelques

102

Ségeste — Le Temple.

pas et nous l'atteignons. Il
a gardé toute son ancienne
splendeur. Dans son cadre
de montagnes, il ravit par
ses formes harmonieuses et
sévères.

Les marches, les
colonnes, les chapiteaux,
les métopes et les frontons
sont en parfait état de conservation. Sa pierre un peu
plus terne et plus compacte
que celle des temples de
Girgenti, est violemment
éclairée par la lumière
éblouissante. A l'intérieur,
pas un débris.

Des fleurettes jaunes
et blanches et des iris nains

Ségeste — Le temple — L'intérieur.

Ségeste — Théâtre grec — Les murs (coté sud).

104

SÉGESTE — THÉATRE GREC — LA SCÈNE.

d'un joli lilas, qui émaillent une pelouse, poussent librement dans ce sanctuaire dont ils sont pour ainsi dire les seuls maîtres.

Aucun temple de Sicile ne me fit éprouver comme celui-ci la puissance du sentiment religieux.

SÉGESTE — THÉATRE GREC — LES GRADINS.

SÉGESTE. — LE TORRENT VU DU THÉÂTRE GREC.

Nous le quittons à regret pour aller admirer un autre monument de la civilisation antique.

Le théâtre, au sommet d'une colline de 410 mètres d'altitude, est très bien conservé. Les murs, les gradins, les passages et la scène sont en parfait état. Une petite brise fraîche nous force à nous mettre à l'abri pour déjeuner. Assis sur le dernier gradin de ce charmant petit théâtre, nous avons devant nous la vue lointaine du golfe de Castellammare, la masse aux tons de nacre du pic Raiso et du cap d'Iroma. Décor ravissant et lumineux, nouveau triomphe du goût grec dans le choix des emplacements !

L'heure passée dans ce monument fut empreinte de la plus tranquille jouissance de la nature que nous ayons eue durant notre voyage.

Le « custode », qui était absent, arrive pour nous faire les honneurs de son beau domaine. Un jeune pâtre, au joli visage encadré de cheveux bouclés, se joint à nous. Au cours de la conversation, tous deux m'exposent que la vie est dure et le pain difficile à gagner. Pourtant, ici, les habitants ont bonne mine. Les visages sont ronds et les teints colorés. La corpulence que prennent les

hommes d'un certain âge indiquerait même une vie plutôt
aisée. En Sicile, peut-être plus que partout ailleurs, la vigueur et la santé sont en rapport direct avec la fécondité du
sol. C'est surtout dans les pays miniers que l'homme du
peuple fait peine à voir.

Mais il faut s'arracher aux beautés qui nous environnent et rejoindre le torrent où, cette fois, un cheval nous
attend pour faciliter le passage. La selle sur laquelle je
monte est des plus primitives, et ce qui l'est davantage,
c'est que le « custode » s'assied derrière moi sur la croupe
du cheval. Cette chevauchée à deux est assez commune
dans cette contrée. Le cheval, non bridé, portant une
simple corde qui pend de son licol et que je tiens en mains, traverse l'eau
pacifiquement, grimpe sur les pierres et nous dépose sur l'autre rive du
torrent.

SÉGESTE — LE CHEVAL
QUI AIDA À LA TRAVERSÉE.

SÉGESTE — THÉATRE GREC — LE « CUSTODE », LE GUIDE ET LE PATRE.

PHOTO — LA VUE SUR LA «CONCA D'ORO» ET PALERME.

CHAPITRE XIII

De Ségeste à Palerme

Enchantés des quatre heures passées dans ce superbe site, nous disons adieu à tous ces braves gens et reprenons la route d'Alcamo. Laissant la masse noirâtre du mont Inici, nous suivons une belle vallée. Alcamo jouit d'une vue superbe sur les montagnes qui nous séparent de Palerme et sur le golfe de Castellammare qui bleuit à l'horizon.

Ensuite nous montons et descendons sans cesse. Nous atteignons bientôt une petite gorge au fond de laquelle se trouve un pont en réparations; des traverses de bois recouvertes de terre remplacent provisoirement l'arc effondré. Ce pont franchi, nous rencontrons une escouade de carabiniers. L'officier qui les commande caracole sur un beau cheval. Ses soldats entourent une voiture fermée. Un carabinier est sur le siège; d'autres sont à l'intérieur; est-ce la poste? Sont-ce des galériens? Qui sait! L'officier s'arrête en même temps que nous. La conversation s'engage à propos des chevaux que l'automobile effraie. Les fusils des hommes brillent au soleil; leurs figures sérieuses nous observent.

L'officier, que notre présence intrigue, nous demande qui nous sommes. Sa curiosité satisfaite, nous nous séparons courtoisement pour reprendre chacun notre route, lui vers le pont en ruines, nous vers le village de Valguarnera et Portonico.

De ce dernier endroit, nous nous dirigeons vers le village de Borghetto, coupé par une rue étroite et montueuse, qui nous conduit sur une route taillée dans le flanc de la montagne et surplombant un torrent que nous ne quitterons plus jusqu'à sa source. Le chemin est étroit et à demi-éboulé en de nombreux endroits. Si les terres n'étaient soutenues par de gros pieux, il serait d'autant plus dangereux de s'y aventurer que le terrain est friable. Parfois d'énormes pierres obstruent la route et nous laissent à peine le passage nécessaire. La montée qui continue d'être vertigineuse, les gros nuages noirs qui couvrent les cîmes environnantes, le torrent qui gronde sinistrement au fond de la gorge, toute cette nature sauvage et désolée nous impressionne fortement. Si nous croisons une charrette, que ferons-nous? Impossible de tourner, et, d'autre part, une marche en arrière pendant des kilomètres est aussi dangereuse que difficile. Enfin, après Renda, une maisonnette de cantonnier nous annonce que nous approchons du col. Des pierres grises nous environnent; taillées en pointe par les pluies, elles ont l'aspect d'armes préhistoriques fichées en terre. Nous rejoignons deux gendarmes armés; puis, presque au sommet, une carriole qu'il est impossible de dépasser. Longtemps il nous faut suivre le pas lent de la mule.

La descente sur

Palerme. — La porta Nuova.

Pioppo, village de montagnards, devient riante. Nous apercevons le golfe de Palerme, mais, par contre, la ville se distingue à peine. Nous passons rapidement devant Monreale et son église normande aux proportions un peu lourdes et imposantes ; puis nous arrivons à la «Conca d'Oro», merveilleuse succession de jardins d'orangers, qui me rappelle Solières à Mallorca. Toutefois, si la configuration générale du terrain est la même, le cirque de montagnes qui entoure la belle Palerme et son golfe incomparable, est infiniment plus varié.

Vingt minutes après, nous entrons à Palerme par un jour de fête religieuse. Cette coïncidence fut pour nous une surprise inattendue. Dès l'entrée de la ville, le « Corso » Victor-Emanuel est noir de monde. Une procession s'avance lentement ; des chants lithurgiques arrivent jusqu'à nous. Les confréries se suivent, revêtues de leurs «camici » blancs, sur lesquels s'épinglent les emblèmes de leurs congrégations.

La Vierge d'argent massif, que suit la procession, est de grandeur naturelle. Elle s'approche portée par dix frères ; les chants redoublent et la fumée de l'encens passe à travers d'innombrables cierges, dont les petites flammes escortent la statue.

PALERME — MEMBRES DE CONFRÉRIES RELIGIEUSES.

CHAPITRE XIV

Palerme et ses environs

A peine à Palerme, je sens la nécessité de me reposer. Les mauvaises routes, les fortes émotions ressenties m'ont fatiguée.

Quelques jours de calme et je commence la visite de Palerme par le musée. Ce musée a deux « cortili » plantés de palmiers et de plantes presque tropicales. L'un d'eux est ornementé d'une fontaine où poussent des papyrus pauvres d'aspect auprès de ceux qui bordent l'Anapo à Syracuse.

Les salles les plus intéressantes sont certes celles où sont réunies les statues grecques. L'une d'elles contient un jeune faune venant, dit-on, de Torre del Greco. Il n'a pour le caractériser que ses oreilles pointues. Le corps est d'un modelé excellent et le mouvement de son bras relevé pour verser de l'eau

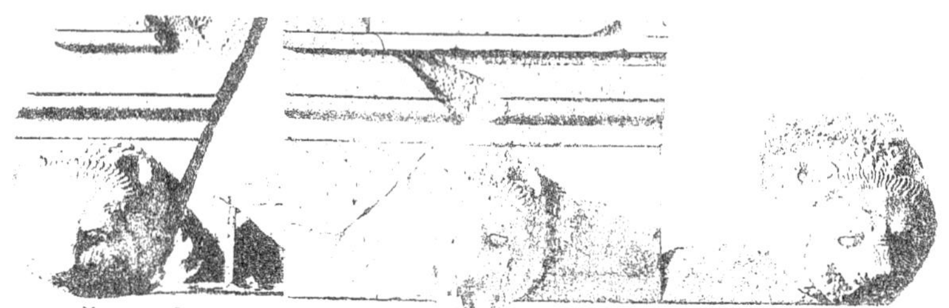

est plein d'harmonie. Non loin se voit une très belle Minerve archaïque qui me paraît plutôt une Athenæ Pallas, si j'en juge d'après un exemplaire existant au Musée de Naples. Son corps, à l'attitude fière mais un peu raide, est revêtu d'une tunique finement plissée. Des gargouilles à tête de lion et une tête barbue de Bacchus se font encore remarquer dans cette salle.

Dans la salle voisine figurent les fameuses métopes de Sélinunte qui, comme l'on sait, sont d'une époque du plus pur archaïsme. Celles qui ont été trouvées dans le temple d'Apollon ont les pieds et les jambes entièrement de profil, quelle que soit la position des têtes et des torses. Leur sculpture procède de l'influence égyptienne qui se montre également dans les trois métopes suivantes du temple C. Celles-ci représentent : la première, un quadrige avec chevaux et personnages vus de face ; la seconde, Héraclès coupant la tête à Méduse, de la bouche de laquelle sort du sang qui se

112

métamorphose en Pégase; la troisième, Héraclès luttant avec deux Cercopes qu'il tient par les pieds.

Deux métopes, provenant d'un autre temple et moins bien conservées que les précédentes, relatent les combats des dieux avec les géants; les personnages sont d'assez grande taille, ainsi qu'il sied pour un tel sujet.

L'art des quatre métopes qui font face à l'entrée est certainement d'un stade postérieur : elles sont encore archaïques, mais une grande évolution s'est produit, et l'artiste qui les a sculptées montre déjà une réelle connaissance de la perspective et de l'anatomie. Toutes quatre ont une intensité de vie qui manque aux autres. Les mouvements des personnages y sont expressifs et la composition sculpturale a l'harmonie et la grandeur des chefs-d'œuvre de l'art grec. Les extrémités inférieures ont une pose naturelle et, lorsqu'il s'agit de corps féminins, têtes, mains et pieds sont taillés dans le marbre pour obtenir plus de finesse, et non dans la pierre, comme pour les hommes.

De gauche à droite, la première de ces métopes représente la lutte d'Héraclès contre une amazone qui tente de fuir, mais que le demi-dieu retient en appuyant fortement son pied sur le sien. Un grand souci de vérité se dégage de cette scène. Le pied d'Héraclès est, en particulier, surprenant de vitalité.

Les métopes suivantes sont celles de Jupiter en admiration contemplative devant Junon qui se dévoile; de Diane, faisant dévorer Actéon par les chiens, pour le châtier d'avoir voulu la surprendre au bain, et de Minerve tuant un géant.

Dans cette même salle sont rangés des fragments de cimaise sur les-

113

quels se distinguent encore des restes de stuc en couleur; ce sont des ornements bleu-clair sur fond d'un bleu plus vif, rehaussés de bandes transversales peintes en blanc laiteux ou jaune safran. Sous les rayons du soleil sicilien ces couleurs pures devaient avoir des reflets délicieux.

Sous vitrines sont conservées des statuettes et des fragments choisis de têtes archaïques en terre cuite d'une époque plus récente.

Cette pièce est contiguë à un dépôt de sarcophages étrusques venant d'Italie. Si on les compare aux beautés classiques de l'art grec, ils ont quelque chose de tourmenté, de moins sain, en dépit de leur richesse d'imagination. Ceux de Volterra leur sont supérieurs.

Nous admirons aussi deux mosaïques trouvées à Palerme; l'une, la plus curieuse, montre Orphée entouré de divers animaux; l'autre, des têtes de dieux, de déesses et de groupes de bacchantes séparés par des guirlandes. Des fragments et des sarcophages bordent les murs de la salle.

Toujours au rez-de-chaussée, un magnifique saint Georges de marbre blanc en ronde bosse, terrasse le dragon. Cette belle pièce et son charmant encadrement sont tous deux de l'époque du «Quattrocento».

Bien d'autres œuvres mériteraient d'être citées, mais il faudrait, pour le faire, décrire toute cette partie du musée.

Les vases grecs du premier

Palerme — Musée — Métopes de Sélinonte — Héraclès coupant la tête à Méduse.

114

Palerme — Musée.   Métopes de Sélinonte

Hercules arrêtant une tentative [...]

Implore en admiration devant l'autel

Diane donnant sa robe [...] par les chiens

[...] tout un plan

étage sont agrémentés de sujets qui se répètent : ce sont des amazones luttant contre des guerriers, des faunes dansant, des génies ailés, etc. Le plus beau est, à mon avis, celui qui fut vendu au Musée par le «cavaliere» Russo de Terranova. Ce musée n'est pas aussi riche que celui de Syracuse en collections de terres cuites ; mais il possède cependant quelques beaux spécimens.

Dans la galerie de tableaux, au deuxième, il y a peu de chose. Dans une salle réservée à des œuvres de maîtres divers, je ne vois à signaler qu'une «Vierge» de l'école des primitifs de Tourino dit Vanni da Pisa. On y sent l'école siennoise.

Deux grandes salles sont réservées à l'école sicilienne des XVIe et XVIIe siècles, notamment aux toiles de Del Romano Vincenzo di Pavia. Ce sont des œuvres religieuses d'un assez mauvais dessin; je note une « Descente de Croix » de ce dernier et des toiles à grands personnages de Novelli. Toutes ces peintures sont d'une valeur artistique très inférieure.

Un petit cabinet, fermé d'ordinaire, contient quelques tableaux de mérite, dont une «Vierge» d'Antonello da Messina, moins belle, toutefois, que la tête du Christ de Plaisance, et plus dure de facture. A côté, un triptyque flamand de toute beauté. Dans le panneau central une Vierge est environnée d'amours, peints en tons clairs transparents, avec la finesse de miniatures.

Le paysage du fond, au coloris bleu
d'émail, laisse voir une campagne pittoresque. La robe rouge de la Vierge,
aux plis un peu durs, porte bien la
facture de l'école flamande. Le groupe
des trois amours lisant, et du joueur
de mandoline qu'abrite un dais gothique finement sculpté est charmant.
Sur le panneau de gauche, une sainte
aux vêtements bleu d'azur fait lire un
séraphin, tandis que sur celui de
droite, une autre sainte habillée de
vert et très douce d'expression tient
un rouleau de musique. Au dos des
deux panneaux latéraux se voient d'un
côté un Adam et une Eve enlacés ;
de l'autre, un décor de forêt : scène

PALERME — MUSÉE — ORPHÉE (MOSAÏQUE).

PALERME — MUSÉE — SATYRE ET BACCHANTE (MOSAÏQUE).

Palerme — Musée — La Vierge d'Antonello de Messine.

Le musée de Palerme a réservé
une salle aux bronzes, ils sont d'ailleurs peu nombreux, mais exception-
nels. Un bélier couché est digne des
bronzes de Naples, et un Héraclès ter-
rassant un cerf est empreint d'une
vérité de mouvement extraordinaire.
Chez ce dernier, le jeu des jambes,
révèle une observation attentive du
corps humain et une étude sérieuse de
son anatomie. L'expression violente de

et décor se complètent harmonieusement
lorsque les panneaux sont rapprochés.
L'Adam et l'Eve, d'une exécution aussi belle que celle de la Ma-
done, sont plus chauds de tons
que le reste du triptyque. On peut
les regarder comme des chefs-
d'œuvre.

Une « tête de Christ », soi-
disant du Corrège, d'une couleur jau-
nâtre, les yeux révulsés, m'impressionne péniblement.

117

PALERME — MUSÉE — « LA VIERGE » PAR VANNI DA PISA.

la figure aux fortes mâchoires et des muscles du cou, grossis par l'effort, s'harmonise avec le reste de la statue.

Le bâtiment où est logé le musée est un vaste édifice où, à côté d'œuvres de l'art grec, d'une galerie de tableaux et de souvenirs arabes, on a réuni des meubles anciens, de beaux fauteuils et des coffrets précieux.

L'étage supérieur est réservé à l'époque des Bourbons de Naples et aux souvenirs de l'épopée garibaldienne. De Garibaldi et de ses célèbres lieutenants, on conserve

PALERME - MUSÉE - LE «CHRIST» ATTRIBUÉ AU CORRÈGE.

précieusement classés, sous vitrines, des chemises rouges, des armes et d'autres objets commémoratifs. Ces reliques sans prétention me causent une émotion toute naturelle. Je me rappelle les récits de mon père sur ces temps héroïques et je revois dans son cabinet de travail, le bas-relief en bronze représentant la tête de Garibaldi. Pour mon père, en effet, les guerres de l'indépendance italienne et les personnalités qui y prirent part, étaient parées d'une gloire éternelle, et je suis sûre qu'il avait raison.

Bien des gravures de cette période sont aussi rassemblées dans le petit musée

118

Palerme — Musée — Triptyque Caraud — La Vierge
avec l'enfant Jésus et deux saints

garibaldien et le gardien qui nous les explique le fait avec un amour sincère de son pays et de ses grands hommes.

Garibaldi, ce héros populaire, a sa statue partout.

Le peuple italien l'a toujours mieux aimé que Cavour, dont il n'apprécie pas encore l'intelligence fine et astucieuse. L'auteur de l'indépendance italienne a ses statues, mais elles sont moins nombreuses que celles du chef légendaire des Mille. Pour la masse de la nation, qui ignore les finesses de la diplomatie, le grand homme, dont l'habileté devait entraîner Napoléon III et la France, ne vient qu'en seconde ligne.

Mon séjour à Palerme fut trop court pour que j'en pusse visiter tous les palais. J'en vis seulement quelques-uns.

Nous errions de boutique en boutique, à la recherches d'antiquités, quand un des marchands nous proposa de nous conduire au palais des Francavilla et de nous en montrer les œuvres impor-

tantes. Rendez-vous fut pris chez lui pour le surlendemain matin.

Le palais des Francavilla, situé sur la Piazza Bologna, est une belle et grande construction du XVIIe siècle. Un large escalier mène au premier étage. En entrant dans la grande salle, je ne pus réprimer un cri d'admiration. Trois statues grecques l'avaient pro-voqué, trois magnifiques statues pour lesquelles aucun éloge ne me semble trop vif. Deux sont de la meilleure époque grecque, la troisième, une Cérès dansante, bien que très jolie, porte déjà l'empreinte de la décadence. La plus belle des deux premières est une femme à la tête superbe; son cou est un peu charnu, comme celui de la Vénus de Milo et son corps est moulé dans une draperie légère, qui donne beaucoup de majesté à l'ensemble de l'attitude. La statue voisine est celle d'un corps d'homme malheureu-

120

L'arrivée du propriétaire, le prince Francavilla[1], qui désirait nous faire lui-même les honneurs de son palais, interrompit notre contemplation.

Le prince Francavilla est un homme d'une cinquantaine d'années. Il est de taille moyenne, de corps un peu massif, mais sa figure reflète une grande bonté et une vive intelligence. Père d'une assez nombreuse famille, il adore ses enfants et c'est avec fierté qu'il nous montre son propre buste, œuvre de sa fille, qui est un sculpteur de talent. Il nous fit aussi

[1] Le prince Francavilla est mort depuis peu de temps.

sement privé de tête ; les épaules sont recouvertes d'une clamyde jetée sur un corps jeune et vigoureux, d'une pureté bien classique. Ces deux marbres sont vraiment dignes de figurer dans un musée.

Quel trésor que ces trois merveilles et avec quel amour les propriétaires de ces pièces rares doivent les contempler !

Les murs de la grande salle sont tapissés de tableaux dont deux Stommer très beaux, surtout l'un, la « Lapidation d'un saint ».

PALERME — LA PIAZZA BOLOGNA ET LA STATUE DE CHARLES V.

121

admirer des fleurs à l'aquarelle,
travail d'une autre de ses filles.
Ces aquarelles sont placées dans
une pièce charmante garnie de
meubles de style empire probablement faits en Sicile, et se rap-
prochant un peu de ceux de la
même époque que l'on retrouve
en Russie dans de vieilles demeures.

L'aimable prince nous
conduisit ensuite dans plusieurs
salons qu'embellissent de nombreux tableaux. L'un d'eux me
surprit par sa ressemblance avec
une toile que nous possédons à
la campagne. La toile des Francavilla est une peinture de petites
dimensions attribuée à Van Dyck,

PALERME — PALAIS FRANCAVILLA. — LES STATUES GRECQUES.

où le Christ agonise sous un ciel noir
d'orage.

Que l'Italie a dû être féconde en œuvres d'art pour qu'on trouve tant de richesses
dans les maisons particulières, malgré la
quantité énorme de tableaux et de statues qui
ont émigré!

Le prince Francavilla fait lui-même
de la peinture et, comme toute sa famille,
est artiste. Ce milieu doit être charmant.

Du vieux palais de San Cataldo que
nous visitâmes ensuite, il ne reste qu'un mur

PALERME — PALAIS FRANCAVILLA
TÊTE DE LA PLUS BELLE DES STATUES.

122

Palerme — Palais Sclafani   Le Triomphe de la Mort (Fresque)

avec une délicieuse fenêtre Renaissance. La partie moderne donne sur le beau jardin de Garibaldi.

Un autre Palais, le Palais Sclafani, est actuellement transformé en hôpital militaire. Dans la cour, sur un mur garanti par des volets en bois, est peinte la grande fresque du « Triomphe de la Mort », œuvre d'un artiste flamand inconnu.

Cette fresque a certaine similitude d'interprétation avec le « Trionfo della Morte » au Campo Santo de Pise de l'Orcagna.

PALERME — LE PALAIS DE L'INQUISITION (ACTUELLEMENT DOUANE).

Les deux peintres représentent les effets de la mort. Mais chez le Flamand, celle-ci est figurée d'une manière brutale, sous la forme d'un squelette à cheval, tandis que chez Orcagna, on ne fait que la pressentir.

Tous deux mettent en relief la grande loi de l'égalité devant la mort et, pour mieux en souligner la justesse, ils placent les puissants de la terre au premier plan. Dans chacune de ces vastes compositions, la partie droite est réservée à l'expression du bonheur humain. Chez Orcagna, un groupe de gentilshommes et de dames jouissent du plaisir de l'existence dans la paix d'un jardin fleuri. Chez le peintre flamand, les personnages jouent et causent près de la fontaine de la Vie. Le centre de chacun des deux tableaux est peuplé d'évêques, de seigneurs et de pauvres gens. Dans la fresque du palais Sclafani, cette multitude est piétinée par le cheval de la mort, alors que dans l'œuvre d'Orcagna la partie supérieure du tableau est occupée par la lutte des démons et des anges qui se disputent la possession des âmes. Cette dernière conception se retrouve d'ailleurs dans la composition du Flamand sous la forme d'un chasseur d'âmes qui tient en laisse deux chiens remplis d'ardeur. Ce chasseur est revêtu d'un costume de fauconnier du temps, très particulier, et le peintre lui-même, sobrement vêtu, s'est portraicturé dans le groupe de gauche, pinceaux et palette en main.

Le palais de l'Inquisition, où la douane est installée, a, comme le précédent, totalement changé d'emploi et d'aspect. Sa façade est très abimée, et à l'intérieur, dans un entrepôt encombré de ballots, on nous montre le pilier de la torture. Les victimes qui avaient subi la « question » disparaissaient ensuite par une trappe dans un puits sans fond. Une certaine impression de terreur devrait se dégager de ce lieu ; mais toutes les marchandises qui y sont accumulées en modifient tellement la physionomie que l'imagination se reporte difficilement aux horreurs de l'Inquisition.

Les vestiges de l'église normande situés dans la cour sont aussi délabrés que le reste de l'édifice. On y voit encore une jolie fenêtre munie d'une grille protectrice.

Les douaniers n'ont aucun respect pour toutes ces vieilleries et les regardent avec un certain mépris. Pour eux, la vie actuelle et la production commerciale ont infiniment plus de valeur, et, somme toute, sous certains rapports, ces barbares ont raison ; il ne faut pas

PALERME — PALAIS DE L'INQUISITION
FENÊTRE DE LA CHAPELLE NORMANDE.

Palerme — Oratoire de Santa Cita — Les hauts reliefs de Serpotta.

vivre que dans le passé ; la vie moderne, avec ses exigences, a également son prix.

La visite des principaux palais terminée, nous résolûmes de nous consacrer à celle des nombreuses églises de la ville dont nous voulions emporter une impression d'ensemble.

San Domenico que nous vîmes d'abord me causa une assez vive désillusion ; il est vrai que cette église date du XVIIe siècle et manque totalement de caractère. Les sépultures de presque tous les grands hommes du pays s'y trouvent, et elle en est en quelque sorte le Panthéon de la Sicile. Amari, l'illustre historien, y repose.

La seule œuvre qui mérite de retenir l'attention est un bas-relief de Gagini « La Vierge avec les anges ». Antonio Gagini, né en 1526, était Sicilien d'origine. Toute son œuvre est empreinte du goût si fin des sculpteurs florentins de la Renaissance, auprès desquels il a dû, je suppose, travailler. La grâce de ses Vierges est notamment tout à fait touchante.

Dans l'Oratorio della Compagnia del Rosario, un Van Dyck brille de tout son éclat. C'est une peinture d'autel de larges dimensions, où ce grand artiste a mis tout son génie. Un groupe de trois femmes est au premier plan ; deux sont debout, une agenouillée. Ce sont : sainte Olive couronnée de fleurs, sainte Catherine de Sienne et sainte Rosalie. La Vierge, avec l'enfant Jésus sur des nuages, bénit d'en haut ce groupe noble et pieux. Cette chapelle est aussi décorée de quelques Novelli, entre autres une « Assomption » et une « Discussion de Jésus avec les docteurs ». Une « Flagellation du Christ » de Stommer, peintre Sicilien peu connu, mais d'une valeur bien supérieure à celle de Novelli, complète la décoration de cet Oratorio. Le corps du Christ est éclairé par les feux d'une torche. La composition générale et l'étude des personnages donnent à cette œuvre un caractère de grand art.

L'Oratoire de Santa Cita est dans le voisinage du précédent. D'une galerie où l'on accède par un cortile et un large escalier couvert aux marches basses, on y pénètre par une porte Renaissance. L'intérieur de cette chapelle est un spécimen du baroquisme sicilien. Serpotta, l'artiste de l'époque, s'y est prodigué. Il n'est pas une place où son genre ne figure. Les « 15 mystères du Rosaire » alternent aux murs avec la composition hardie de la « bataille de Lepante », les deux portraits des fils de l'artiste et plusieurs autres sujets. L'œuvre en elle-même est belle, quoique très chargée et loin d'être de mon goût. Toute la décoration est remplie d'une profusion de « putti » (petits amours). Serpotta était renommé pour les figures enfantines qu'il faisait entrer dans ses productions. A la hauteur du lambris, un banc de bois incrusté de nacre fait le tour du mur de la chapelle.

L'église de Santa Cita, située près de l'Oratorio, est assez pauvre en œuvres d'art. Toutefois dans le chœur se trouve un magnifique dessus d'autel Renaissance par Gagini. Deux bas-reliefs le composent : « la Nativité du Christ » et « la Mort de la Vierge ». Quatre niches avec statuettes en ronde bosse sont sur les côtés. Le tout est placé dans un magnifique encadrement Renaissance, en plein cintre, avec cimaises et pilastres à panneaux sculptés sur les côtés.

Les riches murs en marbre de la chapelle du Rosaire, qui est à droite, sont recouverts de dix haut reliefs de Serpotta.

La chapelle de gauche, renferme encore une œuvre d'art, dûe au ciseau de Gagini ; c'est un petit monument funéraire de la Renaissance. Deux sujets l'ornent, « saint Antoine et le Centaure », et « saint Gérome priant ». La cimaise est couronnée par une Vierge au visage charmant, au milieu de séraphins, et portant l'enfant Jésus. Ce monument reflète l'influence de l'art toscan sur l'œuvre de Gagini.

Le Conservatoire de Palerme est installé dans une ancienne bâtisse dont la porte est normande. Quand nous y entrâmes, pour visiter l'église de Santa Annunziata, une masse d'enfants en sortait ; la musique semble attirer nombre d'élèves à Palerme. Une partie d'entre eux nous suivit pendant notre visite à l'église. Ils admirèrent avec nous son beau plafond en bois peint du XVᵉ ou XVIᵉ siècle. Ce plafond est divisé en caissons, avec scènes de la vie biblique. Une Vierge vêtue de bleu, accompagnée d'un ange et d'un saint ; un Christ apparaissant à la Vierge et une «cena» avec les saintes femmes

PALERME — ORATOIRE DEL ROSARIO — L'INTÉRIEUR DE L'ORATOIRE ET LE VAN DICK.

me plurent infiniment. Quel dommage que tant de belles choses aient été négligées et que l'époque néfaste du XVIIe siècle les ait abimées en les recouvrant par places d'un badigeon de chaux. Dans cette même partie de la ville quelques sculptures de Serpotta placées dans la chapelle de San Lorenzo nous retinrent un instant.

Après San Francesco, dont le magnifique portail normand nous attire, nous nous dirigeons vers les nombreux jardins de Palerme qui pourraient constituer l'un des principaux ornements de cette ville, s'ils étaient mieux entretenus. Le jardin public, la Villa Giulia, est si peu soigné qu'il est totalement dépourvu de charme. Par contre le

PALERME — EGLISE DE SANTA CITA
MONUMENT FUNÉRAIRE PAR GAGINI.

jardin botanique, qu'une grande grille sépare du précédent, est unique en Europe par la multiplicité de ses essences. Les plantes, les arbres, et les arbustes y poussent avec vigueur. A côté d'un « Xauthorrohoca Undulata », seul exemplaire de cette espèce en Italie, qui étonne un peu par la forme de ses feuilles, on y remarque, en particulier, une grande variété d'araucarias : « l'Elegans », « le Cookii », le « Cunningham », etc. Tous ces arbres sont de haute taille, et leur cime dépasse de beaucoup la gracieuse série des palmiers et des cocotiers.

PALERME - EGLISE DE SANTA CITA - DESSUS D'AUTEL PAR GAGINI.

Un bois de phicus s'est formé dans une partie éloignée du jardin. En retombant à terre les branches d'un seul de ces arbres ont formé des marcottes naturelles qui ont donné naissance à autant de nouveaux troncs.

Toute une réunion variée de plantes grasses où l'on distingue certaines espèces vénéneuses envahit un terrain rocailleux, cactus, aloès, agaves, etc.

La serre de ce jardin enchanteur, où l'on se sent un peu comme dans un pays lointain, garde jalousement une collection de plantes précieuses parmi lesquelles « l'Ibiscus » à fleurs rares voisine avec le « Malpighia » à épines ou le « Mimosa Spegazzini ». Tout étudiant en botanique devrait venir ici faire une étude approfondie de la flore presque tropicale qui s'y trouve. Quant au jardin anglais placé dans une autre partie de la ville et tant vanté par les touristes, je le trouve foncièrement laid. En outre de son aridité, les arbres qui ont la prétention de l'orner ont un aspect chétif et ses allées sont des plus mal entretenues.

En dehors des jardins publics, Palerme et ses environs possèdent un grand nombre de villas par-

PALERME — CONSERVATOIRE DE MUSIQUE — LA PORTE.

ticulières entourées de jardins. La Villa Tasca en est une. Le parc de cette propriété est planté des mêmes arbres rares que le jardin botanique. La beauté de ce lieu tient en grande partie au soin avec lequel il est tenu; à la saine vigueur de ses arbres, et au joli tracé de ses allées. En m'y promenant, je songeais au plaisir qu'aurait eu mon père à vivre parmi cette végétation luxuriante. Il aimait le soleil, la Méditerranée, l'Italie, et, toute sa vie, il rêva d'avoir un jardin pareil.

Les jardins et les parcs à Palerme, sont vieux comme la ville. Ils existaient déjà au temps des Normands. Ils servaient alors de parure aux châteaux royaux tout enrichis de mosaïque et de gracieuses colonnades.

Palerme — Jardin botanique — Les phicus.

Ces résidences ont subi depuis de telles transformations que les souvenirs du passé n'y sont plus rappelés que par des fragments isolés. Par qui et comment ont été démolis et transformés ces jolis palais campagnards? Je ne sais. La triste réalité pourtant existe.

Pleine du désir de tout observer, j'entraînai mes compagnons dans un pélerinage à travers l'histoire de la conquête normande. Grâce aux traces que les Normands ont laissées, je voulais essayer de saisir par quels prodiges leur civilisation s'était si facilement amalgamée aux civilisations précédentes. C'est sous l'empire de cette idée que j'allai voir la gracieuse fontaine de la Zisa, seul reste du joli palais du même nom. L'architecture de cette fontaine arabe garnie de mosaïque byzantine, de colonnes normandes et grecques fut pour moi une révélation : les civilisations de la Sicile s'y superposent et s'y fondent? C'est une sœur de la fontaine des larmes de Bogtchisérail, où l'eau se divise pour se rejoindre et se séparer encore. Telle l'image de la vie qui disparaît et renaît sans jamais s'arrêter. Des plantes vertes poussent aux bords, rafraîchies par l'eau courante. Et toute cette œuvre d'art est, pour ainsi dire, cachée dans une énorme niche d'un vieux palais carré, sans élégance, ni grâce. La Cuba, vers laquelle je dirige mes pas en quittant la douce fontaine, était une autre résidence des rois normands. Il n'en reste presque plus rien sinon un morceau

de décoration arabe dans la coupole d'un pavillon situé aux abords d'une caserne. Un soldat nous explique que ce pavillon servait de lieu d'exécution sous les Bourbons.

Au crépuscule, du Monte Pellegrino, la « Conca » paraît voilée d'une buée légère et blanchâtre. La mer tranquille reçoit les dernières lueurs du jour et, dans le ciel clair, monte la nouvelle lune. Ce paysage, dont les formes vagues et les contours vaporeux paraissent reculer dans la perspective du soir, me fait penser à l'histoire lointaine des rois Normands, qui s'estompe dans la nuit des temps, et dont je crois maintenant nécessaire de dire quelques mots.

Au VIIIe siècle la Sicile fut définitivement rattachée à Byzance et, petit à petit, les idées byzantines et sa civilisation y prirent racine.

Pendant tout ce temps, la puissance des Arabes en Afrique s'accrut, et en 831 Palerme tomba entre leurs mains. De conquêtes en conquêtes, ils finirent par s'emparer de toute l'île ; et, en 902, les Byzantins et les grecs de Sicile furent battus à Taormina, leur dernier lieu de résistance.

Du IXe siècle au milieu du XIIe, les Arabes furent maîtres de la Sicile. Sous leur domination l'île jouit d'une prospérité toute nouvelle ; l'agriculture fleurit comme en Espagne. Des terres, jusqu'alors stériles, furent fertilisées au moyen d'irrigations compliquées ; l'élevage des bestiaux, des chevaux, fut introduit ; le riz, la canne à sucre, les palmiers, les orangers et les mûriers furent apportés en Sicile. La culture du blé s'accrut. L'île prospéra, mais, chose

130

étrange, de cette domination comme de la domination byzantine, il ne resta rien ou presque rien. Pourtant la culture intellectuelle était développée et raffinée chez les Arabes. En l'an 1016, ils attaquèrent Salerne ; La ville allait se rendre quand quelques chevaliers normands, retour de Terre Sainte, vinrent la secourir; les Arabes furent battus et les Normands partirent munis de riches cadeaux.

La prospérité du pays leur donna le goût d'y retourner. Ils y revinrent, en effet. Les fils de Tancrède de Hauteville, Roger et Robert Guiscard, s'installèrent d'abord dans la Basse Italie puis, en 1060, se transportèrent en Sicile. Durant 30 ou 40 ans, les deux frères luttèrent contre les Arabes et les chassèrent définitivement de cette contrée. Le Pape Urbain II vint alors, en personne, les consacrer dans leur conquête. Le fils de Roger Ier, Roger IIe, après la mort de ses cousins, réunit sous son sceptre le royaume des Deux Siciles et se fit couronner roi. Après cet acte d'autorité, sa dynastie régna pendant un siècle en Sicile. Grâce au tact de leurs rois et à la douceur de la conquête, les Normands maintinrent facilement leur hégémonie. Ils étaient, d'ailleurs, peu nombreux et la masse de la population restait arabe ou grecque, de religion mahométane ou grecque-orthodoxe, tandis que les Normands étaient catholiques. Le régime féodal qu'ils installèrent le fut d'une manière si équitable qu'ils ne s'aliénèrent pas la sympathie des vaincus.

Très larges d'esprit et très tolérants, les successeurs de Roger Ier protégèrent autant la religion catholique que la religion grecque. Ils construisirent des églises et fondèrent des couvents pour les deux

Palerme — Villa Tasca — Variété de Yuccas

branches de la religion chrétienne. Les rites mahométans furent également respectés, et, de tout cet ensemble, sortit une civilisation des plus subtile et des plus intéressante.

Les rudes Normands tombèrent néanmoins sous le charme oriental : leurs mœurs en furent tout imprégnées. Aux habitudes de Byzance se joignirent celles des cours mauresques. Roger II est entouré de savants arabes ; il les aime, disserte et travaille avec eux ; les chevaliers normands deviennent même jaloux du nombre des Grecs et des Arabes qui détiennent de hautes fonctions à la cour. Les costumes s'en ressentent fortement : on en peut juger par ceux qui se trouvent au trésor de Vienne où les riches broderies et les pierreries abondent. Les eunuques ne manquent pas dans le palais et, sous le couvert de la fabrique de soierie, où travaillent maintes belles grecques, ou femmes arabes, se cache un « harem » superbe. Quant aux habitations ornées de mosaïques byzantines, sous lesquelles les murs disparaissent, elles sont entourées de jardins à l'orientale où coulent de fraîches fontaines, et ont un aspect tout particulier ; c'est une civilisation toute nouvelle, qui les a créées, où l'on sent la rudesse d'une race du Nord, dont l'intelligence s'est affinée au contact de la mollesse et de la sensualité orientales. Sous l'énergique domination des Rogers, les barons normands se soumettent, le calme règne dans la Sicile, la prospérité est extraordinaire. L'agriculture, le commerce, les arts, tout fleurit. Une civilisation attirante par sa complexité même se développe et grandit. Les palais, les églises, et les tombeaux de rois qui restent, offrent une preuve irrécusable de cette complexité.

PALERME — VILLA TASCA — LES PALMIERS.

132

Palerme — Fontaine de la Zisa — Détail de la Mosaïque.

A cette époque idéale, la Sicile, surtout Palerme et ses environs, se couvrit de constructions superbes. Les églises, les cloîtres se succédèrent. Dans une noble émulation, les dignitaires qui vivaient auprès des rois les imitèrent et ce que nous admirons encore aujourd'hui date de cette brillante période.

A la fin de ce siècle unique dans l'histoire, par l'aménité de ses mœurs et le développement complet de la richesse de l'île, les persécutions commencèrent. Dans les dernières années du XII⁰ siècle, l'église catholique qui avait déjà commencé à persécuter les Musulmans et les Grecs, les poursuivit avec plus de rigueur. Les Arabes se soulevèrent, mais furent massacrés et une grande partie fut transportée en Italie où Frédéric II les recueillit. En 1189, l'héritage de la dynastie des Hauteville passa au fils de Frédéric Barberousse, Henri VI Hohenstaufen qui mit cinq ans à le conquérir. Quand il se fut affermi dans sa nouvelle conquête, il employa des moyens cruels et violents dont les pratiques étaient, depuis longtemps, oubliées dans l'île. Après sa mort, il laissa son nouveau royaume à un enfant encore en bas-âge, le futur grand empereur

Frédéric II. Sous le règne de ce dernier, la vie brillante du temps des rois normands reprit. Il protégea les arts, les sciences, s'entoura d'une cour orientale où les mœurs de Cordoue et de Grenade l'emportèrent sur celles des princes chrétiens. Il fut un vrai prince de la Renaissance, d'une Renaissance des Mille et Une Nuits. Au scandale de toute l'Europe il entretenait un sérail, jouissant du plaisir de la danse et de la musique. Distraction encore peu connue et surtout peu appréciée au Moyen Age. Après la mort de Frédéric II ce fut Manfred qui gouverna la Sicile, d'abord comme bailli, puis comme roi, au décès de l'héritier direct, Conrad.

Manfred continua les pratiques amènes de son prédécesseur, mais le Saint-Siège, préférant se débarrasser d'un vassal presque musulman et peu soumis, donna l'île à Charles d'Anjou qui, après la défaite et la mort de Manfred à Bénevent, s'empara du pays. Ainsi finit le règne d'or de la Sicile. J'arrête ici cette courte digression qu'il m'était d'autant plus difficile de ne pas introduire que toute cette partie de l'histoire sicilienne est intimement liée au développement de l'art normand, auquel je me hâte de revenir par l'église de Monreale, qui domine si joliment la riante « Conca ».

134

L'extérieur de cet édifice a gardé le type sévère des bâtisses normandes; pourtant une galerie à colonnes Renaissance efface, en partie, l'austérité de la façade.

De nombreuses publications et illustrations spéciales ont fait si bien connaître les mosaïques de la cathédrale que je ne crois pas nécessaire d'en tenter ici la description. Qu'il me suffise, sans entrer dans les détails, de mentionner les deux sarcophages de Guglielmo il Bono et de Guglielmo il Malo qui se trouvent dans un des bas-côtés de l'église.

Quoique entièrement revêtue d'or chatoyant et de couleurs vives, cette église est froide; cela s'explique par l'éclairage trop vif qui y pénètre. Quelle différence avec les tons tamisés qui éclairent la mosquée d'Omar à Jérusalem, où règne une atmosphère de rêve, qui porte à la prière et au recueillement. Ici, où l'éclairage ne respecte pas le moindre réduit, il manque un peu de cette pénombre reposante qui poétise les lieux qu'elle enveloppe.

Cette orgie d'ornementation, qui a quelque chose de théâtral sous

135

ce jour vibrant, n'ôte pas à l'église son effet de grandeur et de richesse. Dans son genre, ce monument est parfait, non seulement au point de vue du style, mais surtout en ce qui regarde l'exécution des mosaïques, dont les dessins bibliques ont une naïveté toute enfantine.

La porte de bronze, placée dans un portail en pierre sculptée, fut exécutée par un

Environs le Palerme — Eglise de Monreale
Un bas-coté de l'église

Pisan. L'histoire de l'Ancien et du Nouveau Testament est racontée dans les quarante-deux panneaux de cette porte principale. Les bas-reliefs de ces panneaux ont une grande valeur artistique par rapport à l'époque (1200). Ghiberti, en faisant les portes du Baptistère, a dû probablement s'inspirer de la disposition des petits panneaux. Sans doute Ghiberti ne voyagea pas en Sicile, mais comme le sculpteur qui composa la porte de Monreale était Pisan, il se peut qu'il ait eu connaissance de cette œuvre et que l'art florentin ait ainsi puisé quelques-unes de ses meilleures inspirations chez l'artiste pisan.

Environs de Palerme — Eglise de Monreale
Les Tombeaux de Guglielmo II. Bono et Guglielmo II. Malo.

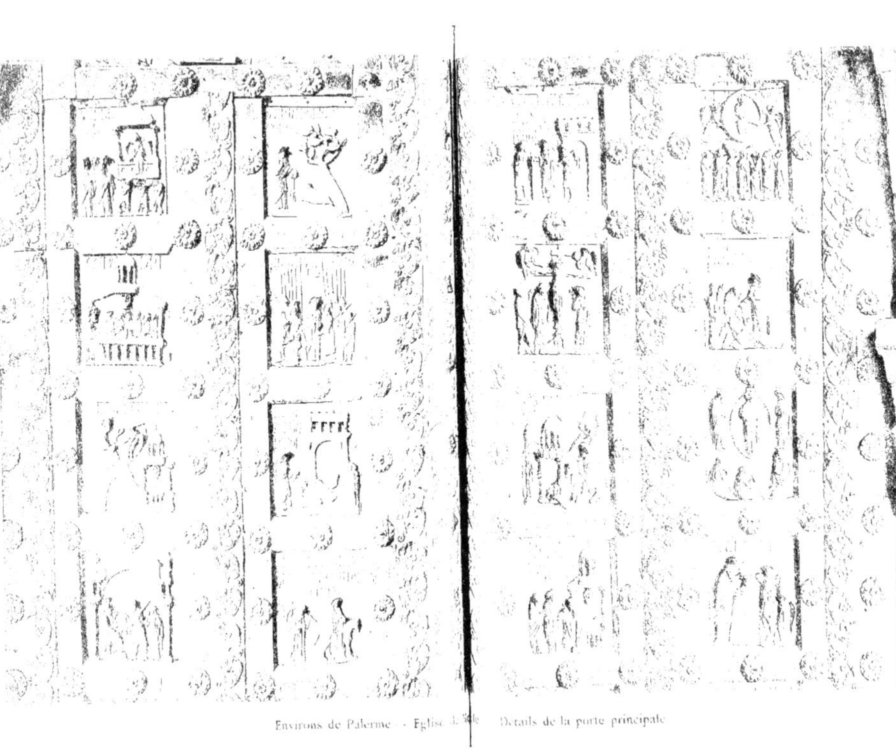

Environs de Palerme - Eglise d[...] - Détails de la porte principale

ENVIRONS DE PALERME — EGLISE DE MONREALE — UNE TRIBUNE DU CHŒUR.

D'ailleurs tout se tient dans le développement de l'art, et il est souvent facile d'en déterminer les influences prépondérantes.

C'est ainsi qu'on relève l'empreinte de l'art italien dans certaines fresques ou dans des icônes d'églises russes des XIVe, XVe et XVIe siècles. Cela provient de ce que des peintres italiens travaillèrent en Russie à ces différentes époques et y introduisirent leur art. Leur style se greffa sur les anciens modèles de peintures religieuses directement importées de Byzance, et l'art byzantin subit ainsi une évolution.

Il en fut de même en Sicile où les œuvres byzantines n'échappèrent pas, elles aussi, à des influences étrangères. Il n'en pouvait être autrement, car les monuments étaient bâtis par des Normands en pays arabe.

C'est cet amalgame de styles qui séduit tant dans la chapelle Palatine. La cathédrale de Monréale, au contraire, trop servilement imitée des originaux de Byzance, ne

ENVIRONS DE PALERME — EGLISE DE MONREALE LA PORTE PRINCIPALE.

137

donne aucune émotion d'art.
Cette impression, d'ailleurs
toute personnelle, peut ne
pas être partagée. En art, les
appréciations sont aussi va-
riées que les individus. Malheureusement l'opinion pu-
blique se laisse souvent entraîner par la mode ou le
goût du jour. Que de fois
on détruit pour reconstruire!
Des œuvres originales ayant
cessé de plaire disparaissent
ainsi et sont remplacées par
de banales imitations. Aussi
ne peut-on présenter son ju-
gement comme le meilleur et
le plus sûr.

Environs de Palerme — Eglise de Monreale — L'intérieur.

A mon avis, l'art byzantin éblouit, mais n'émeut pas. C'est un art bien profane, presque un retour au paganisme et une contradiction flagrante avec le vœu de pauvreté et de soumission des premiers chrétiens. Le grand Christ de l'abside est un Dieu qui commande et qu'on craint! Ce n'est pas le Christ qui pardonne et console!

Du couvent des Bénédictins, proche de la cathédrale, il ne reste que

Environs de Palerme — Eglise de Monreale — Le Christ de l'abside (mosaïque).

138

Environs de Palerme — Eglise de Monreale

Le Roi Guillaume offrant à la Vierge le modèle de l'église de Monreale.

le cloître, et ses magnifiques colonnes accouplées, à incrustations de mosaïque,

soutenant des arcs brisés. Une fontaine, dans un des angles du «cortile» est entourée d'une arcade. L'eau jaillit du chapiteau arrondi qui couronne la colonne située au centre de la vasque.

Ce cloître, un des plus beaux que j'aie vus, est rempli de roses et de plantes vertes qui en augmentent le charme. De Monreale à Palerme la descente de la «Conca» est superbe. Nous franchissons rapidement les quelques kilomètres qui nous séparent de la capitale sicilienne où nous rentrons par des rues animées qui nous mènent à la « Martorana ». Je suis curieuse de voir cette église et de comparer ses quelques mosaïques à celles de Monreale.

La Martorana date du XIIe siècle et s'appellait Santa Maria dell'-
Ammiraglio, en souvenir de son fondateur l'amiral de Roger Ier. Au
XVe siècle des nonnes s'y établirent.
Elles y restèrent jusqu'en 1860, époque à laquelle le Gouvernement italien décréta l'abolition des congrégations religieuses.

La décoration de la Martorana fut, en partie, refaite au
XVIIe siècle. De son ancienne ornementation, elle garde, pourtant, une
voûte exquise. D'une dimension modeste, cette église a quelquechose

d'infiniment poétique. Sa porte arabe en bois
sculpté est ravissante. La voûte de la Martorana est ornée d'une mosaïque qui m'arrêta
longuement ; c'est une « Nativité ». La Vierge,
vêtue de bleu, tient l'Enfant Jésus sur qui
tombent les rayons d'une brillante étoile. De
toute la composition de cette peinture se dégage je ne sais quelle sérénité qui inspire la
foi dans l'avenir.

Une mosquée est non loin, mosquée
froide et triste dans sa morne solitude. Que
les sanctuaires abandonnés font une pénible
impression lorsque la nature ne les a pas
pourvus d'une végétation décorative! L'église

Palerme — Eglise de la Martorana — La Nativité (mosaïque).

de San Giovanni degli Eremiti,
que j'allais omettre, est une construction semi-normande, semi-orien-
tale. Elle est bâtie près d'une mosquée et abrite, à l'ombre de ses cinq
coupoles étranges, un des plus jolis
cloîtres que j'aie vus en Sicile.

Ce cloître, placé au centre
d'un jardin fleuri, est envahi de
plantes tropicales qui grimpent au
long de ses arcades, de ses colonnettes et de ses murs. Et la petite
mosquée et la grande église, si
proches l'une de l'autre, s'unissent
à lui pour glorifier l'esprit de
tolérance religieuse des rois normands.

De tous les jardins de Pa-
lerme, c'est ce cloître rempli de fleurs
qui me charma le plus. Le désordre

PALERME — EGLISE DE LA MARTORANA
LA MORT DE LA VIERGE (MOSAÏQUE)

PALERME — EGLISE DE SAN GIOVANNI DEGLI EREMITI — LA FAÇADE.

PALERME — EGLISE DE SAN GIOVANNI DEGLI EREMITI — LE CLOÎTRE.

même de ses plantes, leur vigueur exubérante en font un lieu de rêve d'une douce poésie.

Posséder une maison avec un tel cloître; le parer de plantes rares, de fleurs aux parfums aromatiques et doux; et, parmi ces beautés vivantes, placer de superbes restes du passé arrachés au sol qui les garde jalousement, quel inappréciable bonheur pour un artiste épris de beauté! Le gardien et sa femme, heureux habitants de cet ermitage, n'ont pas, à cet égard, les mêmes goûts que moi : ce sont de braves gens qui se contentent d'élever dans une petite cour, toute une couvée de poussins. Les moines de jadis ont cédé la place à ces humbles gallinacés, qui, sans se soucier de la philosophie de la vie, picorent les grains tombés des églantiers et des rosiers passés.

Bien des visiteurs suivent les sentiers ombragés du cloître et foulent aux pieds les violettes qui les bordent; bien des voyageurs admirent les arcades harmonieuses et les sveltes colonnettes de ses ruines: San Giovanni degli Eremiti est très connu; mais ce fait, à mon avis, ne saurait déprécier sa beauté. J'y ai passé des heures exquises, assise sur le rebord d'un mur, à

PALERME — CHAPELLE PALATINE — ADAM ET ÈVE (MOSAÏQUE).

contempler le travail assidu d'un respectable vieillard, peintre attitré du joli cloître.

Lorsque j'arrivai à Palerme je fus un peu déçue. Je ne sais pourquoi je m'imaginais trouver l'introuvable. D'après les descriptions que j'avais lues, et qui font une grande place aux souvenirs mauresques et byzantins-normands, je pensais voir des mosquées d'Omar ou des Saint-Marc de Venise sur toutes les places, dans tous les recoins. Ce fut ma première désillusion ; la seconde fut causée par la vue même de l'art semi-byzantin, semi-arabe. Comparé à l'architecture grecque, il me fit l'impression d'une œuvre un peu barbare de « parvenus ». Pour qui n'a pas subi aussi fortement que moi l'influence de l'art grec, cette phrase peut paraître exagérée. A mon avis, cet or, ces chamarrures, cette richesse de verroterie ne reposent pas et brillent trop. Cela ne saurait toutefois signifier que ce luxe un peu clinquant soit dépourvu de beauté, mais je crois que pour en goûter complètement la saveur, il faut oublier les antiques et faire un violent effort pour se plonger dans l'ambiance de l'époque byzantine. La chapelle Palatine, que je retourne voir deux fois, est cependant une merveille, un vrai joyau, où pas une place n'est couverte

143

Palerme — Chapelle Palatine — Intérieur.

de mosaïque. Son plafond mauresque lui donne un faux air des palais de Grenade, où l'on se croirait volontiers transporté s'il ne manquait ici le bruissement d'une fontaine et les fortes senteurs d'un jardin capiteux. Les jolies fioritures du plafond rappellent l'époque musulmane. Toute la chapelle est, au surplus, empreinte de ce goût mauresque qui se lie si parfaitement à l'art byzantin, d'ailleurs largement représenté ici avec la suite ininterrompue des saints qui font le tour de la chapelle. Toutes ces couleurs douces et pourtant vibrantes, toute cette richesse qui pourrait offusquer ailleurs, s'harmonise complètement avec cette œuvre sans rivale.

Palerme — Chapelle Palatine — Détails de la mosaïques.

144

Palerme — Chapelle Palatine — Jésus à Jérusalem (mosaïque).

Quand j'y vins pour la deuxième fois, je me crus transportée en plein XVIe siècle. Au centre de la chapelle se trouvait un grand sarcophage recouvert de velours noir, avec une couronne de roi sur un coussin blanc et quatre cierges brûlant aux angles. Devant l'autel, des prêtres, en grande pompe, disaient une messe des trépassés. C'était l'anniversaire de la mort de Charles-Quint, roi de Sicile ! Trois vieilles femmes seules priaient dans un coin. Nous les imitâmes et, malgré moi, j'eus l'illusion d'être rejetée à cinq siècles en arrière. Rien n'était changé depuis lors : ni le velours noir bordé d'argent du cercueil, ni le coussin de satin blanc sup-

PALERME — CHAPELLE PALATINE — LA CHAIRE
ET LE CIERGE PASCAL.

portant la couronne royale. Et ce souvenir du grand monarque qui mourut presque seul au monastère de Saint-Just m'apparut auréolé de force et de grandeur encore vivantes. Les chants étaient beaux, l'office à l'espagnole, solennel, et, depuis, le décor de la chapelle Palatine et la mémoire du puissant empereur sont restés indissolublement liés dans mon esprit.

Le Palazzo Reale, dont fait partie la superbe chapelle Palatine, n'a conservé que peu de traces de son ancienne splendeur. La chambre du roi Roger en est le joyau. C'est une pièce carrée, éclairée d'une fenêtre, dont les parois et la voûte sont revêtues de mosaïques représentant des scènes de chasse. Comme de fins Gobelins, elles tapissent les murs. Ces mosaïques me reportèrent involontairement à la vie d'alors. La chasse était, en ces temps, le sport de prédilection. Elle devait donc, naturellement, prendre place dans la décoration des palais des rois normands, qui étaient de rudes guerriers et de grands chasseurs.

Il est facile, dans ce cadre, de se représenter le roi Roger Ier circulant à l'intérieur du palais, vêtu, ainsi qu'on le voit sur une des mosaïques de Monreale, d'un costume garni de pierreries et de riches broderies, qui devait fort bien s'harmoniser avec les vives couleurs des paons en mosaïque, se dressant fièrement sur les murs de la chambre royale. Et l'on se prend à regretter que si peu soit resté de ce palais qui devait être supérieur à l'Alhambra.

Le reste des pièces est banal et froid, comme la plupart des salles des grands palais royaux ou impériaux de tous pays. Une exception doit cependant être faite en faveur de la modeste chambre que Garibaldi habita au Palazzo Reale après son entrée. à Palerme. Un petit lit en fer, une toilette simple, une table ordinaire recouverte d'un tapis et quelques chaises constituent le mobilier de cette pièce, d'où le dictateur réglait le sort de la Sicile.

De la terrasse du toit du Palais royal, on jouit d'un panorama superbe sur la plaine, la «Conca», la ville et les magnifiques jardins des princes d'Orléans, qu'on voit à peu de distance.

La curieuse Porta Nuova, qui est adossée au Palais, est d'un style particulier, rappelant celui de certaines portes du Kremlin.

De là à la cathédrale, il n'y a qu'une courte distance. La façade de ce Dôme m'a séduite dès l'abord par son style normand, mitigé d'arabe. Malheureusement, sa ligne élégante est coupée par une affreuse coupole qu'on a cru bon d'ajouter à la cathédrale à la fin du XVIIIᵉ siècle. Le joli «campanile» de ce monument est relié à la partie principale de l'édifice par deux arcs légers du plus heureux effet.

Sur la façade sud s'ouvre une superbe porte en bois sculpté, dans un encadrement en pierre d'un style mi-normand, mi-arabe.

Il est regrettable que l'intérieur de l'église ait été fortement modernisé et ait ainsi perdu de son caractère primitif. La partie la plus captivante est celle où sont réunis les

PALERME — PALAZZO REALE — LA CHAMBRE DU ROI ROGER.

146

Palerme — Palazzo Reale — Chambre de Roger — Scène de chasse (mosaïque).

tombeaux des rois normands. Les sarcophages en porphyre sont surmontés de baldaquins magnifiques en pierre incrustée de mosaïque. L'effet en est grandiose, et ces sarcophages démontrent à eux seuls le goût, la puissance et la richesse de cette dynastie.

Sainte Rosalie repose dans un cercueil d'argent, dans la chapelle qui lui est consacrée. Les rares jours de l'année où l'on promène ses reliques en grande pompe, donnent lieu à des solennités toutes particulières.

Le « Duomo » possède plusieurs œuvres de Gagini, entre autres deux bénitiers d'une exécution pleine de grâce et de douceur. Les apôtres qui sont placés dans le chœur sont aussi du même artiste.

Les environs de Palerme sont fertiles en promenades, parmi lesquelles le touriste n'a que l'embarras du choix. Santa Maria di Gesù, cloître franciscain situé sur le versant du mont Gri-

147

fone, est au nombre des plus agréables. La vue, de son jardin, s'étend au loin. Par-dessus les cimes des cyprès vert-foncé, qui montent de la plaine, se découvre la « Conca d'Oro », avec Palerme mollement étendue au pied du Monte Pellegrino.

Une des plus jolies excursions à faire est celle de Bagheria et de Solunto. La route qui y conduit est malheureusement défoncée et pleine d'ornières, et l'on se demande comment la coupe Florio peut s'y courir. Bagheria est un village tout près des

PALERME — CATHÉDRALE — L'ENCADREMENT DE LA PORTE PRINCIPALE.

148

PALERME — CATHÉDRALE — LE TOMBEAU DE FRÉDÉRIC II.

ruines de l'ancienne Solunto. Cette dernière est sur une colline qui domine le golfe de Termini Imeresi.

Solunto fut fondée par les Phéniciens, mais les ruines qu'on y voit datent du temps des Romains. Elle est étagée très régulièrement sur une pente. Des rues dallées, à gradins, la divisent symétriquement. Du théâtre gréco-romain, il ne reste que trois colonnes cannelées dorique-ionique avec architraves, triglyphes et chapiteaux ronds. Dans un pré,

Palerme — Cathédrale — Le tombeau du Roi Roger.

un dallage en mosaïque, assez grossier, sur fond blanc, bordé d'une grecque noire, indique l'emplacement d'une demeure aisée. Non loin, se voit une piscine dont le plan incliné permettait aux baigneurs d'atteindre des profondeurs variables.

Du haut de la colline de Caltafana, on a une vue unique. D'un côté, le regard plonge jusqu'à la lointaine Palerme toute empourprée de soleil; de l'autre, l'œil est captivé par la beauté du golfe de Trapani. Nous sommes en décembre et pourtant la température est élevée; les pierres sont chaudes et les fleurs cachées dans l'herbe tendent leurs corolles vers les rayons régénérateurs du soleil.

Bagheria n'a pas d'hôtel, ni même d'auberge; aussi fûmes-nous

149

obligés de nous contenter d'un frugal repas dans une maison qui nous fut indiquée.

La visite de la villa Valguarnera, sise à Bagheria, nous fut facilitée par une carte de son propriétaire.

L'entrée, que clôt une porte en fer forgé, est imposante. La cour d'honneur fait bel effet avec ses larges proportions. Mais le palais, qui remonte au XVIIᵉ siècle, est en assez mauvais état. On sent très bien que Bagheria n'est plus le lieu à la mode où l'aristocratie se réunissait autour de la reine Caroline ou du roi Ferdinand. Le pays semble mort, avec toutes ses belles villas, inégalement tenues.

Avant d'arriver à la villa Valguarnera, il faut s'arrêter

150

devant la grille de la villa Pallagonia, dont le portail est orné de deux statues grotesques de style Louis XIV, où la difformité s'incarne sous les traits de nains répulsifs et dégoûtants. J'ai l'impression que le XVIIe et le XVIIIe siècles étaient raffinés et pervertis. Le goût baroque, d'ailleurs, me confirme dans cette impression. A-t-il jamais existé en Europe rien de moins simple, de

151

plus tourmenté et de plus compliqué que les productions de cette époque.

Mais, revenons à la villa Valguarnera, dont il est nécessaire de faire le tour pour rejoindre sa superbe terrasse, ornée de plantes exotiques. De

152

cette terrasse on a vue sur les vignobles qui s'étendent autour de Casteldaccio et donnent l'excellent vin de Corvo.

Le rez-de-chaussée de la villa Valguarnera est réservé aux appartements privés de la famille Francavilla. Un très beau salon forme le centre du palais, au premier étage : c'est un salon Directoire avec des portraits de famille ; d'un goût parfait, cette pièce laisse supposer ce que devait être autrefois le reste de la villa.

Comme dans beaucoup de belles résidences, un théâtre était aménagé dans une des ailes. Actuellement, ce pauvre petit théâtre, témoin du luxe passé, sert de fenil.

La vieille femme qui nous fait les honneurs de la demeure des Francavilla est le type des anciens serviteurs dévoués qui étaient presque de la famille. Cette brave femme, pour laquelle tous les intérêts du monde sont concentrés à Valguar-

153

nera, tient à nous faire monter sur un belvédère d'où l'on découvre la villa Trabia avec ses vignes, greffées sur plans américains et sa maison fort bien tenue , puis la villa Butera construite plus loin, dans un style moyen-âgeux, et, adossée à la montagne, la maison à colonnades du domaine des Villarosa.

Des orangers et des vignes recouvrent la plaine ondulée et fertile qui s'étend devant nous et dut être un lieu de villégiature digne des nobles et fastueux ancêtres des propriétaires actuels.

A 17 kilomètres environ de Bagheria, et de l'autre côté de Palerme, sous le rocher aride du Monte Pellegrino, se blottit « La Favorita », jadis résidence d'été des Bourbons, aujourd'hui domaine de la couronne d'Italie. Ce charmant pavillon de plaisance, de style chinois, entouré de vergers d'oliviers, qui était autrefois si vivant n'est plus visité que rarement par la famille royale.

De dimensions moyennes, il est rempli des souvenirs de la dynastie déchue. Chambre de Marie-Caroline, chambre de Ferdinand IV, salle d'audience, etc., sont revêtues de fresques, inspirées de l'antique ou du chinois.

154

La salle d'audience, au rez-de-chaussée, est dans le goût pompéien. Mais, comme au début du XIXe siècle, les imitations de ruines étaient à la mode, aussi bien pour la décoration des jardins que pour celle des appartements, le roi « Bomba » ne voulut pas que cette salle fît exception à la règle. Aussi fit-il donner aux murs l'aspect de ruines où les taches d'humidité et les lézardes sont reproduites à ravir. Tout cela a bien, d'ailleurs, le parfum du temps et l'on y sent à la fois l'amour de la poésie et de je ne sais quelle jolie tristesse. L'un des étages supérieurs

PALERME — LA VILLA " LA FAVORITA ".

est meublé d'un salon dans le même goût. Il est décoré de grands panneaux à la pompéienne dont les quatre saisons forment les motifs.

Les médaillons de la famille royale font partie de la décoration de la chambre de Marie-Caroline. Les souvenirs qui s'y rattachent sont d'autant plus touchants qu'au dessous de chacun d'eux figurent les sentiments qu'ils inspiraient à la princesse.

Du pavillon de « la Favorita » aux Catacombes des Capucins, il y a toute la distance d'un aimable et souriant passé à la brusque et terrible vision de la mort. Quand l'idée nous vint d'aller les visiter, le soleil resplendissait dans un air léger, d'une

PALERME — VILLA " LA FAVORITA " — LA SALLE D'AUDIENCE.

transparence toute
printanière. Et cet
état de la nature
contribua d'autant
à grandir l'an-
goisse qui nous
étreignit, quand
nous pénétrâmes
dans les macabres
souterrains. Des
galeries intermi-
nables sont rem-
plies de cadavres
momifiés qui pen-
dent aux murs.
Les uns sont vêtus
d'habits sacerdo-

taux, d'autres portent la bure des moines; ce sont ceux qui font l'impression le moins pénible. Mais les femmes en falbalas, jadis élégantes, et surtout les

enfants, me causèrent une telle tristesse que je parcourus ces catacombes avec le plus de rapidité possible.

Le quai de Palerme est encore bordé de quelques palais. Le plus beau d'entre eux est le palais Trabia qui, dit-on, possède des collections merveilleuses. Je ne comprends pas pourquoi les riches Palermitains, comme les Florio, par exemple, ont construit leurs résidences dans l'intérieur de la ville et non sur les rives de la superbe nappe bleue où se reflète le Monte Pellegrino.

La Piazza de Quattro Canti où se concentre l'activité de la ville,

156

quoique peu originale, car son constructeur a voulu imiter les « Quattro Fontane »
de Rome, a une certaine note de grandeur.

Palerme est, au demeurant, une ville charmante où l'on peut beaucoup
étudier et voir lorsqu'on y séjourne. Les collections de l'Université offrent, à
elles seules, un grand intérêt. Aussi, n'est-ce pas sans regret que nous la quittons pour nous diriger vers Messine.

———

CHAPITRE XV

De Palerme à Sant'Agata di Militello

Avant Bagheria, nous jetons un dernier coup d'œil sur la baie, toute baignée d'une lumière argentée et sur le Monte Pellegrino brillamment éclairé par le soleil matinal. Bientôt apparaît la baie de Termini, superbe, avec les monts des Madonie couverts de neige et de nuages gris.

La route a belle allure ; elle passe tantôt à travers des forêts « d'agrumi », tantôt sur des collines arides, en partie couvertes de maquis ou de bois d'oliviers.

A Termini, nous entrons à l'église Santa Maria della Misericordia où nous savions trouver un chœur en bois sculpté Renaissance et un assez joli triptyque de 1400 attribué à Gasparo di Pesaro. Le maniérisme domine dans ce triptyque où saint Sébastien et saint Louis encadrent la Vierge, mais le fond d'or conserve la caractéristique du « Quattro Cento ».

Avant Cefalù, nous admirons le beau décor de caps et de montagnes qui se profilent au loin.

Après un rapide déjeuner en auto, sur le bord de la route, nous entrons dans cette petite ville, où m'attend le désappointement que je subis chaque fois que je retrouve des restes de l'époque normande.

158

Au lieu
de l'église nor-
mando-byzantine
à laquelle je m'at-
tendais, j'aperçus
une cathédrale
qui, tout en con-
servant sa façade
et son extérieur
normands, fut en
grande partie
transformée à l'in-
térieur au XVII⁰
siècle.

La cou-
pole et le chœur,

qui subsistent encore, sont insuffisants pour satisfaire l'œil du visiteur, qui a
déjà joui de ces merveilles d'art byzantin que sont la chapelle Palatine et Monreale. Les quatre lunettes de la coupole, revêtue de mosaïque, abritent quatre
séraphins aux ailes repliées, qu'on voit sous ce même aspect à Sainte Sophie
et dans les cathédrales d'Uspenia et d'Arkangelsk au Kremlin. L'ombre de la
cathédrale s'étend sur un petit cloître normand dont les ruines patinées par le

CÉFALU — CATHÉDRALE — LA FAÇADE.

temps opposent leur simplicité à la richesse byzantine. A Cefalú comme à Palerme, l'art normand me rappela, sous une forme plus atténuée, les mosaïques et les peintures murales des anciennes églises russes.

Après Cefalú, la vue devient moins belle. La route déserte suit la mer. La population est rare et réellement pauvre. Les hommes que nous rencontrons ont des physionomies peu agréables. Pauvres gens !

Nous passons le pittoresque Castel del Taso puis San Stefano di Camastra. Derrière nous, le coup d'œil est très joli. Toutefois, je n'aime pas beaucoup cette côte nord de la Sicile ; elle a un faux air de la Riviera, et il lui manque les beaux éclairages aux tons chauds de la côte sud. D'ici, je découvre au loin, fort nettement, les îles Lipari qui surgissent comme de petits cônes des profondeurs indigo de la Méditerranée. Vers la fin de la journée, l'une d'elles m'apparaît tout en rose.

Voici maintenant Sant'Agata di Militello. L'Hôtel Florio nous reçoit. Il n'est qu'une modeste auberge servie par « Don Peppino ». Avec son nez aux narines plates, ses yeux à demi-clos et ses cheveux crépus, « Don Peppino » a toujours dû sourire. Une servante à l'air malpropre l'aide dans ses fonctions.

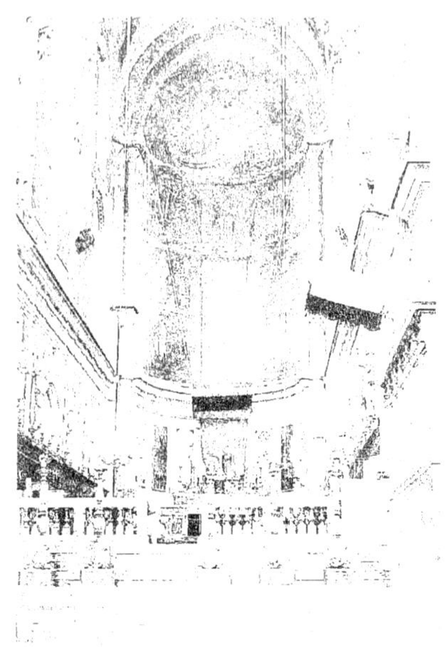

« Don Peppino » nous offre, à l'arrivée, de nous coucher tous trois dans un grand lit. « C'est, dit-il, un arrangement qui serait plus commode et moins cher pour vous. » Sur nos vives protestations, il se décide, enfin, à nous donner des chambres séparées. La mienne a trois lits, avec maints matelas et deux planches en guise de sommier. La toilette en fer retient à peine une petite cuvette. Trois portes donnent accès dans ma chambre ; l'une s'ouvre sur une terrasse d'où la vue, à cette heure, est bien champêtre : en bas, des jardins d'orangers où des fruits d'or pendent aux arbres, et dont l'odeur fine monte jusqu'à moi; plus loin, une ligne de maisons dont les toitures de tuiles gris-rose et les murs blancs se confondent déjà avec la mer bleue. Pas un nuage au ciel. Les étoiles commencent à scintiller.

Les deux autres portes ont
d'énormes verrous; elles sont laides,
et c'est avec peine que je distingue
leur peinture primitive en ocre foncé.
Les murs sont passés à la chaux.

La cuisine et la salle à manger, blanchies de même, sont au rez-
de-chaussée. Deux lampes à pétrole
éclairent notre dîner frugal composé
de « spaghetti » et d'un rôti de bœuf.
Un seul voyageur dans la salle.
Il vient de Sardaigne et nous vante
ses bonnes routes, sa civilisation
plus avancée et le confort qu'on
y trouve. Nous l'écoutons attentive-
ment, mais non sans faire quelques
réserves sur ses assertions. Nous
apprenons au cours de la conversation qu'il est représentant de commerce pour grains et vins. Cela nous

CEFALÙ — CATHÉDRALE — DÉTAIL DES COLONNES
DU CLOÎTRE.

explique sa haute idée de la civilisation sarde. Il a probablement placé en

DE SAN STEFANO DI CAMASTRA A SANT'AGATA DI MILITELLO.

Sardaigne ses produits à des taux respectables ou il y a fait de bons achats ;
la Sicile, d'autre part, ne lui a sans doute pas fourni ces mêmes marchandises à
des conditions acceptables. La fin du repas est agrémentée par une naïveté de
« don Peppino » qui provoque l'hilarité générale. « Don Peppino », auquel nous
demandons six œufs pour le lendemain matin, nous déclare avec le plus grand
sérieux « qu'il est incapable de les faire, mais que la patronne le pourra ».
« Don Peppino », qui ne comprend pas la cause de notre gaieté, se met d'ailleurs à
rire plus bruyamment que nous-mêmes. Belle nature dont la vie s'écoulera
dans la sérénité de l'innocence. Ce n'est pas lui qui pourra jamais comprendre
les droits de l'homme, ni les revendications de la Confédération Générale du
Travail.

CHAPITRE XVI

De Sant'Agata di Militello à Messine

La nuit que nous passâmes sans nous déshabiller, simplement étendus sur les lits, fut la plus mauvaise de tout notre voyage. Le vacarme d'une bande d'artistes d'un cinématographe ambulant de Sant'Agata di Militello rendit tout repos impossible. Aussi partîmes-nous dès cinq heures du matin.

De suite, la route devint magnifique. Mais, des lauriers-roses dont on nous avait parlé, je ne vis que quelques buissons.

A Capo Orlando un cantonnier nous arrêta : « Il vous est impossible de continuer sur Messine, nous dit-il; la route s'est effondrée auprès du cap Calava. Deux mois de réparations seront nécessaires. Si vous me le permettez, je vous conduirai à la gare voisine où vous pourrez peut-être embarquer votre automobile pour Messine. » Inutile d'ajouter que nous acceptons avec empressement.

164

Par des chemins de traverse boueux et défoncés, nous nous dirigeons vers la gare. Nous y trouvons bien un train, mais, hélas! aucune plateforme n'est libre pour recevoir notre voiture. Une autre solution se présente alors : traverser les montagnes sur Randazzo par une route qui ne figure pas sur les cartes, mais qu'on nous dit praticable.

Charrette près de Nazo.

Après bien des paroles et de vives discussions sur l'état des chemins, nous partons avec un charretier comme guide. Dès le départ, l'ascension commence : « Elle sera raide pendant dix kilomètres, nous dit notre conducteur; après c'est à plat. » Et, de fait, la montée fut pénible jusqu'à Nazo. Par de nombreux lacets, nous nous élevions progressivement à travers des vergers d'orangers, des bois d'oliviers, des vignes et des champs de blé. La contrée est riante, fertile et riche; elle est bien en rapport avec le caractère aimable et jovial de ses habitants. Plus nous montons, plus l'horizon s'étend, et, l'une après l'autre, apparaissent les îles Lipari dans la brume matinale.

Nazo, bâtie à 550 mètres, n'a pas l'aspect frustre des villages de la haute montagne que nous verrons plus loin. C'est une bourgade vivante, mal tenue, mais assez riche. Au fur et à mesure que nous nous élevons, le pays devient sec et aride; les oliviers se font rares et, seules, quelques parcelles de terre montrent du blé nouveau; le maquis envahit presque tout et des troupeaux de chèvres et de moutons grimpent parmi ces pierres et cette épaisse broussaille.

Troupeau de moutons à Imbria.

A 750 mètres, nous entrons dans Imbria. Nous sommes ici en pleine montagne. Le village est pauvre, isolé, presque sauvage. Notre automobile provoque l'étonnement général. Assurément, elle est une rareté. Les alentours d'Imbria sont impressionnants par

165

l'âpreté de la montagne. Plus de maquis. Des taches de neige couvrent en
partie des prairies et de maigres champs
où le blé ne fait que germer. Un peu
avant le col neigeux des monts Sierra
del Re que nous devons franchir, et qui
est à 1.3oo mètres d'altitude, un ébou-
lement nous arrête. La route est couverte de blocs de pierres que déblaient
des hommes d'équipe; notre chauffeur
et notre guide mettent main à la beso-
gne; bientôt un passage est pratiqué.
Nous sommes environnés de pierres
grises, de terre boueuse et de neige qui
fond sous les rayons du soleil devenu
brûlant à cette altitude. Le dernier col
franchi, subitement l'Etna se montre
couvert de neige. Le soleil qui l'éclaire
obliquement projette des ombres bleues
transparentes et des reflets d'opale sur

IMBRIA.

ses sinuosités; une fumée blanche et floconneuse, qui se perd dans le cie-
clair, couronne le cône majestueux du volcan. Quelle merveille que ce specl

VUE SUR L'ETNA APRÈS IMBRIA.

tacle de la nature! L'Etna, comme un gigantesque diamant, darde ses feux éblouissants sur le fond rosé du ciel. Nous nous arrêtons, fascinés par ce spectacle féerique qui n'a rien de comparable à celui des pics neigeux des Alpes.

Un peu plus bas, nous pénétrons dans le hameau de Floresta, pauvre bourgade située à 1250 mètres; notre charretier, qui a rencontré des amis tout au long de la route, en trouve également ici et se multiplie en salutations et gestes explicatifs; son costume est celui des montagnards. Une jaquette de velours noir lui couvre les épaules. Des «gambali» lui enserrent les jambes jusqu'aux genoux. Les pieds disparaissent dans des « cioce » de peau qu'une lanière rattache aux jambes. La tête est couverte d'un « berretto », bonnet pareil à celui des marins napolitains, mais de couleur noire. Au cours de l'arrêt que nous faisons pour déjeuner en vue du magnifique volcan, quelques charrettes peintes, attelées de mulets élégamment harnachés, passent devant nous; un paysan, fusil sur l'épaule, les suit. A la descente de San Domenico, les châtaigniers, les oliviers réapparaissent, et à Randazzo, les orangers. Randazzo, construit sur les bords rocheux d'un torrent qui coule dans le val, entre la base de l'Etna et les monts des Madonie, fut jadis

167

une ville importante, bien que les restes que nous voyons dans l'église et les rues le laissent à peine deviner.

De Randazzo, toujours conduits par notre guide, nous prenons, à tout hasard, la route de Linguaglossa, où, depuis deux ans, on ne peut passer. Un mur de lave nous arrête effectivement, après un parcours d'une quinzaine de kilomètres. Des vagues ont grimpé les unes sur les autres et, en une convulsion suprême, sont restées figées sous forme de masse écumante. Devant l'impossibilité de pousser au-delà, force nous est de faire machine en arrière jusqu'à la petite route qui mène à Francavilla en passant sous Castiglione, village pittoresquement perché sur un rocher qu'effleurent les derniers rayons du soleil. Près de Francavilla, nous côtoyons de jolis vergers d'orangers. Des groupes de femmes rentrent au village : elles portent sur leur tête des paniers chargés de fruits. Leurs figures joyeuses au teint foncé, aux yeux brillants, font plaisir à voir. Saines et fraîches, elles font contraste avec les femmes de Floresta. Les joues sont pleines, les corps fermes et l'allure est énergique et souple. C'est une belle race où le sang grec a déposé sa grâce. Les maisonnettes de Motta surplombent; on les dirait suspendues au-dessus du précipice.

Le chemin est poussiéreux; il fait chaud.

Après force détours nous rejoignons la route de Messine et le bord de la mer. Quelle joie de revoir de nouveau cette belle côte, inondée d'une lumière si différente de celle de Palerme !

SAN DOMENICO.

168

L'Etna — Le Cratère.

RANDAZZO.

Nous faisons à pied la montée vers Taormina pour jouir plus ample-
ment de cette merveilleuse fin de journée. L'Etna, toujours fumant, devient
mauve sous les derniers feux du soleil. Des nuages flamboyants s'allongent à
l'horizon et ressemblent, dans le crépuscule, à de rouges poissons fantastiques
se poursuivant. Les étoiles commencent à scintiller au-dessus de la petite ville
paisible, que la lune éclaire faiblement.

Après nos dernières journées, ce nous est une véritable joie de trouver
un hôtel propre, de bonnes chambres gaies et claires. Le soir, à dîner, la salle
à manger revêt un aspect plus élégant qu'à notre premier passage. C'est maintenant le commencement de la saison, et les visiteurs sont d'une classe plus
distinguée.

Des musiciens amateurs égayent notre repas. Mais leur art est quel-
conque et sans caractère ; un rythme monotone et cadencé règle la mesure de
leurs morceaux ; on sent qu'ils jouent pour un public indifférent. Quand tout le
monde est parti nous les prions de nous faire entendre des airs locaux. L'intérêt
avec lequel nous les écoutons les séduit ; leur musique change du tout au tout.
Ils jouent pour le plaisir de jouer et de faire goûter les chansons de leur pays.
Plus de rythme méthodique, plus de cadence banale, et bientôt c'est leur âme

169

qui se livre entière, soit dans de tristes mélodies, soit dans des refrains siciliens, merveilleusement adaptés au paysage de montagnes qui nous environne. L'air de Noël, la « Novena dei Zampognari » m'émeut tout spécialement; il n'a, paraît-il, pas changé depuis le temps où les bergers de la plaine de Bethléem le firent entendre devant la grotte de Jésus-Christ. Toute cette musique est grave, mélancolique et résignée. Elle n'a rien de commun avec celle des douces « barcaroles » que j'ai entendues à Sorrente.

Je ne veux pas quitter Taormina sans éprouver la jouissance de revoir le théâtre grec. J'y ressens le même effet de grandeur, de majesté et d'enchantement que j'avais eu à ma première visite.

Le soleil disparaît peu à peu dans une transparence d'or pâle, rosit l'horizon de lueurs apaisantes. Dans le silence infini qui m'étreint, le regard perdu dans l'immensité, je refais en songe la longue route que je viens de parcourir, et qui, pour moi, restera toute peuplée de civilisations effondrées, de mythes disparus, de ruines éloquentes et de leçons d'une puissante philosophie.

Je m'arrache avec peine à cette douce

rêverie et, non sans tristesse, je reviens à l'hôtel préparer le départ du lendemain.

La route jusqu'à Messine, avec ses traversées de villages, est l'une des moins agréable de la Sicile.

Le soir, à la lumière électrique, les murs lézardés et les palais effondrés de Messine provoquent la pitié et l'horreur. C'est une page d'un drame sinistre et tragique. En face, Reggio brille dans la profondeur de l'obscurité.

Du pont du bateau, dans le calme de la nuit étoilée, je vois s'éloigner peu à peu les lumières de Messine, et j'envoie un dernier adieu à la belle Sicile où se sont croisées tant de races et heurtées tant d'idées.

TABLE DES MATIÈRES

Imprimé sur les Presses de
S.A.D.A.G.
(Société Anonyme des Arts Graphiques)
Genève et Bellegarde (Ain)
Janvier 1914

www.ingramcontent.com/pod-product-compliance
Ingram Content Group UK Ltd.
Pitfield, Milton Keynes, MK11 3LW, UK
UKHW020158130726
13696UKWH00002B/582